Gardolf

Colofon

Dit boek is gebaseerd op ware feiten en gebeurtenissen die helaas nog steeds wereldwijd op grote schaal plaatsvinden.

Tekst en omslagontwerp: Martin de Groot
Geredigeerd door: Stoer Tekst & Creatie
Vormgeving omslag en binnenwerk: Coco Bookmedia

Eerste druk januari 2023
ISBN: 9789464377941

Martin de Groot

GARDOLF

Onthutsende feiten uit het dierenrijk

INHOUD

Ter nagedachtenis aan
de miljoenen onschuldige
slachtoffers van de bio-
industrie, de bont-industrie,
de jacht en stroperij, de
toeristen en entertainment
industrie en de visserij.

1 GARDOLF

Biologische gezien zijn we allemaal hetzelfde. Nou ja, niet helemaal natuurlijk, maar we zijn wel degelijk allemaal dieren. Weliswaar met totaal verschillende eigenschappen, zoals gewoonten, bouw en intelligentie, maar toch ook gewoon sterfelijke wezens van vlees en bloed. Elke diersoort is uniek en heeft zijn eigen specifieke kwaliteiten.

Zo hebben honden bijvoorbeeld een bijzonder goed ontwikkeld reukorgaan, kunnen katachtigen goed zien in het donker en functioneren hun snorharen als een soort antenne. Vleermuizen zenden weer een soort radiogolven uit, waardoor ze de afstand tot een object in het pikkedonker feilloos kunnen inschatten. Ook de mens is dus een dier, een zoogdier met uitzonderlijke kwaliteiten, maar daarover later meer.

Laat ik me eerst eens even netjes voorstellen. Mijn naam is Gardolf. Ik ben een oehoe (eagle-owl) en zonder op te willen scheppen, mag ik mijzelf met een lengte van zeventig centimeter en een vleugelspanwijdte van maar liefst honderdtachtig centimeter toch wel tot een van de grootste uilensoorten van de wereld rekenen. Ons leefgebied strekt zich uit over grote delen van Europa tot aan Oost-Azië, voornamelijk in heuvelachtige en bosrijke gebieden. Wij uilen hebben zowel overdag als 's nachts een zeer scherp zicht en een uitstekend gehoor. Een ander pluspunt is dat we onze kop honderdtachtig graden kunnen draaien, wat natuurlijk goed uitkomt bij het lokaliseren van prooidieren. En nu we het toch over eten hebben, ons menu is nogal divers, het kan variëren van insecten en knaagdieren tot allerlei soorten vogels en zelfs vis. Favoriet zijn echter duif, rat, muis, egel en konijn.

Mijn residentie is een oude eik aan de rand van een groot bos in het midden van Nederland. Hiervandaan heb ik een prachtig uitzicht over de uitgestrekte landerijen in de wijde omgeving. Graag deel ik mijn 'ongezouten' visie op het dierenrijk met u en laat u kennismaken met verschillende dieren, waarbij de mentale nood inmiddels hoog is opgelopen. Zij vertellen mij graag hun verhaal over de vaak schrijnende situatie waarin ze op dit moment verkeren. Dit op voorwaarde dat ik het dan weer aan de verantwoordelijke doorspeel. En aangezien ik maar al te goed besef hoe hoog de nood bij sommige diersoorten is, ben ik daartoe gaarne bereid.

Veel steden en dorpen waar mensen wonen, liggen aan de rand van het bos. Als ik zie wat zich daar beneden allemaal afspeelt, val ik soms bijna van mijn tak van verbazing. Over het algemeen gesproken zijn mensen namelijk erg inventief en zeer slim. En vooral dat laatste baart mij steeds meer zorgen. Het leefgebied van mij en de andere dieren uit het bos wordt door de enorme expansiedrift van de menselijke soort almaar kleiner. Ik heb eerlijk gezegd geen idee hoe het er in de toekomst uit gaat zien, maar daar maak ik mij nu al grote zorgen om.

Vanuit de oude eik aan de rand van het bos overzie ik dus zo'n beetje de hele weide omgeving en daarnaast heb ik zeer regelmatig contact met allerlei dieren die hier in de buurt leven. Met velen van hen heb ik korte lijntjes, ook met hen die wat verder weg wonen. En anders gaat het contact wel via een goede kennis uit een andere streek die mij zo af en toe bijpraat.

Om echter alle ontwikkelingen die wereldwijd plaatsvinden een beetje te kunnen volgen, is lang geleden door een groep uilen de *Balaton Meeting* in het leven geroepen. Eenmaal per jaar woon ik met veel plezier deze bijeenkomst nabij het Balatonmeer in Hongarije bij. Eind september komen we daar dan met een heel parlement uilen uit diverse landen bijeen om ideeën uit te wisselen en te praten over allerlei issues die op dat moment spelen in de wereld. Op deze manier blijf ik, ook internationaal, vrij goed op de hoogte van het laatste nieuws. Zo kan ik ook de dieren die wat verder weg wonen, waar mogelijk, met raad en daad bijstaan. Daarnaast weet ik inmiddels vrij goed waar hun behoeftes liggen en kan ik redelijk inschatten wanneer bepaalde zaken uit de hand dreigen te lopen.

Voor veel dieren in de wijde omgeving ben ik een belangrijk aanspreekpunt. Zij kunnen altijd hun verhaal bij me kwijt en zien me ook vaak als een soort mediator. Ik probeer altijd zo goed mogelijk naar ze te luisteren en, als het een moeilijke kwestie betreft, ze van advies te voorzien of te bemiddelen bij eventuele problemen of conflicten. Dat laatste is gelukkig zelden nodig, want de meeste dieren lossen hun zaakjes het liefst zelf onderling op. Soms zijn de problemen echter zo groot, dat ze het niet meer alleen afkunnen. In dergelijke situaties komen ze dan vaak bij mij terecht.

Wat mij de laatste tijd vooral opvalt, is dat onze relatie met de mensen steeds moeizamer, stroever verloopt. Het was al niet zo best, maar het wordt er zeker ook niet veel beter op. Ik krijg soms verhalen te horen waar ik erg van schrik. Het ergste is misschien nog wel dat ik er weinig aan kan veranderen, hoe graag ik dat ook zou willen.

Het zal toch vooral van de mensen die de problemen over het algemeen veroorzaken zelf moeten komen en dat zie ik nou niet zo een-twee-drie gebeuren. De vraag is dan ook, hoe nu verder? Is men bereid echt iets te doen aan de problemen die er spelen? Willen de mensen zich daadwerkelijk gaan inzetten voor een betere samenwerking met de dieren, om het tij nog enigszins te keren? En hoe willen ze dat dan gaan aanpakken?

Het is vervelend om te moeten zeggen, maar de mens (Homo sapiens) is verreweg de grootste bedreiging voor de meeste andere diersoorten op deze planeet. Nogmaals, het is triest dit te moeten concluderen, maar dat is wel zoals het op het ogenblik is. De mens staat bovenaan de voedselketen en dat zullen we weten ook.

Vele diersoorten zijn onder andere door toedoen van de mens inmiddels al uitgestorven, of staan op de nominatie om voorgoed van de aardbodem te verdwijnen. Denk bijvoorbeeld aan de Sumatraanse tijger, de Iberische lynx, de neushoorn en de panter. Ook veel reptielen, amfibieën en insecten krijgen het steeds moeilijker.

Dit is nog maar het topje van de ijsberg. Het leefgebied van heel veel andere dieren krimpt aanzienlijk door de almaar oprukkende mensheid. Eerlijkheidshalve gebiedt mij echter ook te melden dat andere factoren mede debet zijn aan het verdwijnen van bepaalde diersoorten. Bijvoorbeeld door verandering van klimaat of de evolutie. Soms verandert de leefomgeving door opwarming van de aarde zo snel, dat de dieren die daar leven niet of nauwelijks in staat zijn zich op tijd, door middel van evolutie, aan te passen. Wel is het zo dat het klimaat continu aan verandering onderhevig is en dat kunnen we de mensheid natuurlijk niet in zijn geheel aanrekenen.

Nou is het ook weer niet allemaal kommer en kwel wat de klok slaat. Er zijn gelukkig nog meer dan genoeg voorbeelden te noemen waarbij het wel goed gaat tussen de mens en de verschillende andere diersoorten. Maar mijn focus ligt toch steeds meer daar waar de misstanden plaatsvinden. Ik zou willen dat het anders was, maar dat is helaas nog steeds niet het geval en dat is voor mij soms moeilijk te accepteren. Het is een vervelende boodschap die ik moet overbrengen, maar naar mijn eigen bescheiden mening wel noodzakelijk dat ik het doe.

Ik en de dieren om me heen merken het aan alles. De lucht is sterk vervuild en ook het water in meren en zeeën is inmiddels niet meer wat het ooit geweest was. Veel van het afval van de mens is zelfs zo schadelijk dat de natuur er mogelijk tientallen jaren voor nodig heeft om het allemaal weer volledig te kunnen afbreken.

Zoals gezegd, mensen zijn roofdieren en staan bovenaan de voedselketen. Zij maken jacht op zo ongeveer alles wat ze te pakken kunnen krijgen en wat eetbaar is. En met alles bedoel ik ook echt alles. Of het nou kruipt, loopt, vliegt of zwemt; het wordt, vaak in grote hoeveelheden, gevangen, gedood en gegeten.

Zo vist men bijvoorbeeld in een razend tempo de wereldzeeën leeg. Dat gebeurt met grote sleepnetten die achter enorme drijvende visfabrieken over de oceaanbodem slepen, waardoor ook veel koraal en ander bodemleven onherstelbaar wordt verwoest. Niet zelden blijven de nylon visnetten achter rotsblokken haken, waardoor ze achterblijven in de oceaan. De vissers zijn ze dan kwijt, met als gevolg dat allerlei zeedieren erin vast komen te zitten en daardoor een gruwelijke dood zullen sterven. We hebben het dan nog niet eens gehad over hoe wreed men te werk gaat bij het verkrijgen van kaviaar of haaienvinnen voor in de soep. Hierbij worden werkelijk de meest barbaarse methodes toegepast.

Een ander triest hoofdstuk is dat van de walvissen. Deze prachtige zeezoogdieren worden al vele jaren gedood voor het vlees en de visolie, waar levertraan van wordt gemaakt dat heilzaam zou zijn voor de mens. Inmiddels is het al jarenlang verboden om op walvissen te jagen, maar daar houdt lang niet iedereen zich aan. Er zijn nog steeds verschillende landen die het verbod niet zo nauw nemen en vrolijk door blijven jagen op deze prachtige zeezoogdieren, zogenaamd voor wetenschappelijk onderzoek, maar wij weten inmiddels wel beter.

Ik krijg dan ook regelmatig zeer verontruste berichten van zee- en eilandbewoners die mij vertellen dat het daar gierend uit de klauwen dreigt te lopen. Zo vertelde Ralf de albatros mij laatst het schokkende verhaal van een gedode walvis en haar ongeboren jong, maar daarover later meer.

Dan zijn er nog allerlei problemen omtrent de ontbossing, de bio-industrie en de handel in wilde dieren, om maar eens wat te noemen. Zeker is wel dat als de mensen niet op tijd inzien dat ze anders moeten omgaan met de natuur en alles wat daarin leeft, de toekomst van onze planeet er over een paar decennia allesbehalve rooskleurig uit zal zien.

2
HOMO SAPIENS

De Homo sapiens, ook wel mens genoemd, is een sociaal, nieuwsgierig en intelligent wezen. Zij behoren tot de orde der primaten en worden geclassificeerd als zoogdieren.

De mens is dus een dier, een zoogdier, ook al zijn er nog steeds exemplaren bij die het daar niet helemaal mee eens zullen zijn. De vrouwtjes zogen immers hun jongen aan de borst, net zoals andere zoogdieren dat doen. Oké, mensen hebben een paar hersencellen meer dan de meeste andere diersoorten, maar het blijven toch gewoon dieren. En daar zit hem nou dus ook net de kneep, het venijn.

Het feit dat de mens dus een aantal hersencellen meer heeft dan concurrerende (zoog)dieren, impliceert natuurlijk nog niet dat ze ook gelijk het recht hebben zich beter voor te doen dan de rest. Het is natuurlijk ook niet de bedoeling andere diersoorten maar op allerlei manieren te kleineren, onderdrukken of te misbruiken. Toch komt dit helaas nog steeds op grote schaal voor. De voorbeelden daarvan zijn legio. Denk bijvoorbeeld aan de bio-industrie, de nertsenfokkerij, de plezierjacht en de visserij.

De Homo sapiens is van oudsher altijd al een jager geweest en dat is vandaag de dag nog steeds zo. Mensen staan bovenaan de voedselketen, wat betekent dat ze geen directe vijanden hebben en zich dus ook niet echt druk hoeven te maken dat ze ten prooi zullen vallen aan roofdieren. Het is eerder zo dat het omgekeerde hier van toepassing is. Veel diersoorten moeten zich, om allerlei redenen, namelijk voortdurend zorgen maken niet ten prooi te vallen aan de mens.

Om een beter beeld te krijgen van deze diersoort, volgen hier enige kwalificaties. De Homo sapiens kan een gemiddelde leeftijd bereiken van rond de zeventig, met uitschieters tot wel honderdtien jaar oud. De topsnelheid van deze dieren ligt zo rond de vijfenveertig kilometer per uur. Ze leven over het algemeen graag in grote groepen dicht bij elkaar. Zoals al eerder gezegd, is deze soort dus erg intelligent.

Door hun kennis te delen met soortgenoten en samenwerkingsverbanden met elkaar aan te gaan, hebben ze tot op heden grote stappen in hun algemene ontwikkeling weten te bewerkstelligen. Hun intelligentie lijkt zich de afgelopen jaren overigens steeds sneller te ontwikkelen. Aan de ene kant vind ik dat enigszins beangstigend, maar anderzijds kan het ook hoopgevend zijn. Het is maar net hoe men ermee omgaat.

De Homo sapiens is over het algemeen monogaam. Ze gaan meestal zo rond hun achttiende levensjaar op zoek naar een levensgezel. Hebben zij eenmaal een geschikte partner gevonden, dan blijven zij in principe de rest van hun leven bij elkaar.

De instandhouding van de eigen soort, daar gaat het in hoofdlijnen natuurlijk allemaal om. Nou, daar is de mens tot op heden redelijk succesvol in gebleken. Ze zijn hierin zelfs zo bedreven, dat ik mij oprecht grote zorgen maak over de toekomst van de dieren in het bos. De mens breidt zijn leefgebied razendsnel uit, wat over het algemeen rampzalige gevolgen heeft voor veel van de andere diersoorten in zijn directe omgeving.

Er leven heden ten dage ongeveer een kleine acht miljard (!) mensen op deze planeet. Dat zijn er eerlijk gezegd nogal veel, temeer omdat deze soort erg dominant is ten opzichte van andere diersoorten. Ze beheersen tegenwoordig namelijk zo'n beetje de gehele aarde en bepalen al vele jaren hoe andere soorten zich moeten gedragen, als deze überhaupt al mogen blijven leven. En dat is volgens mij niet helemaal zoals het zou moeten zijn.

Het menu van deze soort is erg divers. Het hangt er een beetje vanaf uit welk deel van de wereld ze komen, maar over het algemeen voeden ze zich met zo ongeveer alles wat eetbaar is: vlees, vis, groenten, vruchten, noten, zaden, knollen, peulvruchten en zuivelproducten. Er is eigenlijk maar weinig op te noemen wat ze niet naar binnen schuiven. Een volwassen exemplaar kan soms wel tot vier kilo voedsel per dag verstouwen en een gewicht van vijftig tot zelfs tweehonderdvijftig kilo bereiken.

Mensen zijn omnivoren (alleseters), maar ze kunnen ook heel goed zonder vlees overleven. Uitzondering hierop zijn enkele nomadenstammen die in de meest onherbergzame gebieden op aarde leven, zoals de Eskimo's op de Noordpool en de Mongolen in Siberië. Zij voeden zich voornamelijk met vlees en vis omdat er in die gebieden verder vrijwel niets anders, plantaardigs, voorhanden is.

Normaliter kan de mens dus prima gedijen op een vegetarisch of veganistisch dieet. Alle benodigde vitaminen en mineralen kan men immers net zo goed uit planten, vruchten, noten, zaden en knollen halen. Daarbij komt ook nog eens dat planteneters over het algemeen veel gezonder en in sommige gevallen zelfs langer leven dan de meeste vleeseters. Denk daarbij bijvoorbeeld aan een landschildpad (tweehonderdvijftig jaar), een olifant (tachtig jaar) of een papegaai (zeventig jaar).

Daarnaast zijn vegetariërs ook nog eens sterker dan vleeseters. De sterkste dieren op deze planeet, zoals de buffel, het nijlpaard, de gorilla, de olifant, de giraffe, het paard, de neushoorn en de bizon zijn allemaal planteneters. Er zijn duidelijke verschillen tussen het gebit van herbivoren (planteneters) en dat van carnivoren (vleeseters).

Een herbivoor heeft namelijk platte kiezen om de planten die hij eet te vermalen en scherpe voortanden om het gewas af te snijden. Een carnivoor heeft puntige hoektanden en scherpe kiezen om het vlees van zijn prooi af te scheuren en in stukken te snijden.

Gelukkig zijn er tegenwoordig steeds meer (jonge) mensen die voor een vegetarische of veganistische levenswijze kiezen. Zij beseffen dat er nog steeds op grote schaal dieren worden mishandeld in de bio-industrie en realiseren zich dat dit niet de juiste wijze is hoe met dieren om te gaan.

Elke inwoner van Nederland verorbert tijdens zijn of haar leven ongeveer 1.170 dieren, dit is exclusief vissen, garnalen en schaaldieren. Als ik daar dan ook alle zeedieren bij optel, kom ik al snel uit op zo'n 29.000 dieren.

Iemand die vegetariër is en ook geen vis consumeert, offert nog maar anderhalf dier per jaar op en bespaart daarmee dus ongeveer 24 dieren per jaar een uitermate akelig en kort leven. Eet een vegetariër wel vis en schaaldieren, dan ligt het aantal dieren geredde dieren uiteraard een stuk lager. Veganisten zijn natuurlijk helemaal goed bezig.

Zij eten helemaal geen dierlijke producten en besparen op die manier enorm veel dieren in de bio-industrie veel ellende en de gang naar het slachthuis.

Bij de Homo sapiens zijn er ongeveer evenveel vrouwtjes als mannetjes, maar in sommige gebieden in de wereld is het aanbod van vrouwtjes wat minder. In zo'n situatie kan het gebeuren dat meerdere mannetjes om een vrouwtje moeten strijden en dat kan er soms hard aan toe gaan. Het sterkste, mooiste, slimste of meest dominante mannetje mag dan, nadat hij de andere mannetjes heeft verslagen, met zijn verovering paren. Dit is niet helemaal vreemd, want hetzelfde gedrag zien we ook bij veel andere diersoorten terug.

De draagtijd bij de vrouwtjes is negen maanden en zij baren over het algemeen maar één jong tegelijk. Meestal zorgt het mannetje tijdens en na deze periode goed voor zijn partner, zodat zij er niet helemaal alleen voor komt te staan.

Wat mij en veel andere dieren vooral grote schrik aanjaagt, is dat de mens zich razendsnel over de planeet verspreidt. Hun steden worden almaar groter, met als gevolg dat veel andere dieren in de verdrukking dreigen te komen. Bossen worden in rap tempo gekapt om plaats te maken voor nieuwe landbouwgronden of steden. Zelfs het regenwoud van het Amazonegebied in Zuid-Amerika (de groene longen van de wereld) moet eraan geloven. Sommige dieren zijn al vertrokken uit de gebieden waarin ze leefden, om elders een plek te zoeken waar ze meer rust en ruimte genieten. En dat valt ze zwaar, kan ik u wel vertellen, heel zwaar.

Bepaalde diersoorten leiden een rondtrekkend bestaan, zoals bijvoorbeeld de grote grazers. Denk daarbij aan paarden, herten, wilde zwijnen en wat verder weg de buffels, gnoes en zebra's. Veel soorten hebben een eigen territorium waarin ze leven. Als ze daar steeds opnieuw verjaagd worden, moeten ze op zoek naar een nieuwe plek. Maar ook daar worden ze weer opgejaagd en zo gaat dat maar door. Op die manier wordt het lastig, zo niet onmogelijk, om ergens iets op te bouwen en te settelen.

Veel dieren die ik spreek, geven aan zich constant onveilig te voelen. Ze verkeren vaak in een permanente staat van stress en voelen zich voortdurend opgejaagd. Elk moment kan de situatie volledig uit de hand lopen en zijn ze hun leven niet meer zeker.

Waarom kunnen we niet gewoon vreedzaam met en naast elkaar

leven, vraag ik mij vaak af. De steeds verder oprukkende mensheid houdt helaas geen of weinig rekening met de dieren om hen heen. Momenteel bevolken 7,8 miljard mensen de wereld en dat aantal blijft maar groeien. Al deze mensen moeten ook gevoed worden en om dat te kunnen realiseren, wordt de aarde en alles wat daar (nog) op leeft volledig uitgeknepen. Elk jaar worden er naar schatting zo'n vijfenzeventig miljard dierenlevens opgeofferd om de mensen te voeden. Dat zijn er dus 1.585 per seconde.

Er is ook steeds meer landbouwgrond nodig om gewassen op te kunnen verbouwen en dat gaat vaak weer ten koste van enorme stukken regenwoud. De mens is al jarenlang bezig om in een razend tempo de 'groene longen' van de aarde te vernietigen. Elk jaar verdwijnt er een stuk bos ter grootte van zestien miljoen hectare, dat is qua oppervlakte vier keer Nederland. Jawel, u leest het goed, vier keer Nederland.

De belangrijkste redenen voor deze massale ontbossing zijn palmolie, soja, houtproductie en bepaalde grondstoffen die men uit de grond haalt. Op de nieuw vergaarde landbouwgronden worden over het algemeen sojabonen en oliepalmen verbouwd. Soja wordt veelal verwerkt tot veevoer voor runderen en is een belangrijk bestandsdeel voor sojaolie, tofu en tempé.

Palmolie wordt ook in veel verschillende producten verwerkt en de vraag ernaar is nog steeds groeiende. Om nog eens extra duidelijk te maken hoe hard de ontbossing van de regenwouden vandaag de dag daadwerkelijk gaat: elke seconde worden er 269 bomen gekapt.

Niet alleen veel dieren worden dus door de mens ernstig in hun bestaan bedreigd, ook de natuur moet eraan geloven. Ik ben maar een 'gewone' uil en heb geen glazen bol tot mijn beschikking waarmee ik de toekomst kan voorspellen, maar je hoeft naar mijn mening ook geen helderziende te zijn om te begrijpen dat dit niet goed gaat. Als de mensen op deze manier door blijven gaan en er niets in hun gedrag ten opzichte van de natuur verandert, zullen de gevolgen van al dit handelen desastreus zijn.

De mens is zeer intelligent en al tot veel in staat. Ze kunnen bijvoorbeeld al naar de maan en naar Mars, planeten die miljoenen kilometers van de aarde verwijderd zijn. Dat is op zich al redelijk beangstigend, maar mensen worden natuurlijk steeds slimmer en dan vraag ik mij als 'woordvoerder van de dieren' vaak af waar dat allemaal eindigt. Ik bedoel, welke kant gaat dit op? Zouden de mensen nog op tijd tot inkeer kunnen komen, zodat ze hun hoge mate van intelligentie kunnen gebruiken om de wereld te redden van de rampspoed die ons allen te wachten staat?

De mens is al in staat om kunstmatig vlees te maken zonder dat daar een dier voor wordt gebruikt. Ook zijn ze al heel ver met het kunstmatig manipuleren van bepaalde landbouwgewassen, waardoor er bijvoorbeeld geen regenwoud meer gekapt zou hoeven te worden. Persoonlijk ben ik bang dat de hebzucht van de mensen het gaat winnen van hun intelligentie en als dat scenario bewaarheid wordt, ziet de toekomst er voor ons allemaal erg somber uit.

Hopelijk komt men snel tot inkeer en gebruikt de mensheid zijn intelligentie dit keer eens om het verschil te maken, zodat verdere schade aan het milieu zoveel mogelijk beperkt zal blijven.

3
MOEF DE HAAS

Enige tijd geleden sprak ik Moef de haas, die mij met tranen in de ogen vertelde dat hij geen andere mogelijkheid meer zag dan te vertrekken uit het gebied waar hij en zijn familie al zolang, en met zoveel plezier, hebben gewoond. De reden voor dit dramatische besluit is schrijnend. Meerdere leden van zijn familie zijn in de loop der tijd opgejaagd en in koelen bloede afgeschoten door jagers.

'Zomaar voor niets, zonder enige reden. De getroffen familieleden hadden nog nooit een vlieg kwaad gedaan in hun leven,' vertelde Moef. Maar het jagersgilde heeft daar natuurlijk geen enkele boodschap aan. Onder het mom *natuurbeheer* worden er jaarlijks duizenden volstrekt onschuldige dieren afgeschoten, dus een paar haasjes meer of minder deert hen niet.

'In de vroege ochtend van een mooie zomerdag verschenen ze plots weer in het veld. Mannen met geweren en camouflagepakken die direct als dwazen om zich heen begonnen te schieten op alles wat maar bewoog. Ik weet nog goed hoe we moesten rennen voor ons leven,' vertelde Moef zichtbaar geëmotioneerd. 'Ik kon nog net op het nippertje wegkomen, maar mijn broer Dexter was letterlijk het haasje. Hij werd door een kogel in zijn achterpoot geraakt. Mijn oudere zus zag het allemaal voor haar ogen gebeuren, Gardolf.

Ze vertelde me later wat ze die ochtend gezien had en hoe ze daar, nu drie maanden later, nog steeds mee worstelt. De honden van de jagers dreven ons uit elkaar, vertelde ze. We renden allemaal in blinde paniek naar de beschutting van het hoge gras, maar Dexter rende in de chaos en paniek die ontstond de verkeerde kant op, regelrecht in de armen van de jagers.

Een van hen zag zijn kans schoon, legde aan en raakte mijn broer in zijn achterpoot. Dexter schreeuwde het uit van de pijn. Met een laatste krachtsinspanning kon hij zich nog net verbergen in het dichte struikgewas. De pijn die hij had moet echter ondraaglijk zijn geweest.

Uiteindelijk hebben de honden van de jagers mijn broer toch weten op te sporen en hem vervolgens met een doelgerichte beet in de nek uit zijn lijden verlost. Voor Dexter was dit wellicht het beste, hij had het anders toch nooit overleefd. Maar waarom is dit nou allemaal nodig? Waarom? Het is allemaal zo volkomen zinloos.'

Eenzelfde lot heeft nog twee van Moefs familieleden getroffen. Ook zij zijn ten prooi gevallen aan de lusten en het killersinstinct van de jagers en hun honden.

'Ze proberen ons gewoon te verjagen of misschien zelfs wel helemaal uit te roeien,' ging Moef verder. Even staarde hij met een lege blik voor zich uit, waarna hij bijna onhoorbaar, snikkend vervolgde: 'Ik weet niet wat deze mensen bezielt en wat ze hiermee willen bereiken. Ik snap er helemaal niets van, Gardolf.'

Wat Moef allemaal heeft doorgemaakt, is verschrikkelijk en schokkend, maar is slechts het topje van de ijsberg. Er zijn zo nog heel veel andere voorbeelden te noemen waarbij het op eenzelfde manier ook vreselijk mis gaat. Ik heb in de loop der jaren talloze dieren gesproken die mij keer op keer vertelden dat ze eveneens dit soort vreselijke wantoestanden meegemaakt hebben.

Zo sprak ik bijvoorbeeld een groep zwanen die regelmatig weilanden door het hele land komen begrazen, wat normaal gedrag voor ze is. Zwanen en ganzen zijn nou eenmaal gek op gras. Voor de boeren, die eigenaar zijn van het weiland, is dit echter een misdaad. Zij willen immers niet dat hun grasland kaalgevreten wordt door de zwanen. Alsof die paar zwanen hun hele weiland kaal zouden kunnen vreten ... De boeren zijn daar dus niet blij mee en huren vervolgens wat bevriende jagers in om de schuldigen hoogstpersoonlijk de nek om te draaien. Hierdoor voelen de zwanen zich logischerwijs op zijn minst ernstig bedreigd in hun voortbestaan. Ook raken zij erg gestrest door de hele situatie, omdat ze vaak niet meer weten waar ze nog veilig zijn en waar niet.

Per jaar gaat het in Nederland om duizenden zwanen die worden afgeschoten. En waarom? Enkel omdat ze wat gras van de weilanden eten. De schade die ze hierbij zouden veroorzaken aan het grasland is overigens nauwelijks bewezen. De gevolgen voor de dieren zijn echter desastreus. Daarbij speelt ook nog eens mee dat zwanen monogame dieren zijn. Wat wil zeggen dat een koppeltje elkaar eeuwig trouw belooft, tot de dood aan toe. Het is in zo'n geval dus extra pijnlijk als een van de beide partners door jagers om het leven wordt gebracht en de ander alleen achter blijft.

Mira de gans

Voor ganzen geldt eigenlijk precies hetzelfde als voor zwanen. Wel moet ik er eerlijkheidshalve bij zeggen dat ganzen talrijker zijn dan zwanen, waardoor de schade aan het grasland voor de boeren beduidend groter is. Maar ook ganzen houden er dus van weilanden af te grazen en ook zij worden daarvoor gestraft en afgeschoten. En inderdaad, ook ganzen zijn monogaam.

De ganzenpopulatie staat dus eveneens zwaar onder druk. Een aantal dagen geleden sprak ik toevallig nog met Mira, een opgewekte, weldoorvoede moedergans.

'Gardolf,' zei ze met een ernstige stem, 'ik maak me grote zorgen over de relatie tussen ons ganzen en de mensen. Dat loopt nou niet echt lekker. Wat zeg ik, dat loopt al tijden niet lekker en ik zie het er eerlijk gezegd ook niet meer van komen dat het op korte termijn nog goed komt tussen ons.'

Mira vervolgde geëmotioneerd haar verhaal: 'Wij ganzen grazen graag de weides af, voor mals gras en ander lekkers wat daar groeit en bloeit. Maar de boeren zien ons liever niet op hun land. Zij zijn namelijk van mening dat we te veel schade aan hun weiland toebrengen. Daarom hebben zij een soort pact met jagers gesloten, zodat die ongestoord op ons kunnen jagen. Boer blij, jagers blij, en wij in de stress.'

Mira haalde even diep adem en ging vervolgens verder met haar relaas: 'De jagers gebruiken vaak lokganzen. Meestal zijn deze van plastic, maar er worden soms ook wel levende dieren gebruikt. De ganzen die overvliegen zijn in de veronderstelling dat er ook voor hen een lekker maaltje valt te bemachtigen en zetten de landing in. Als ze zich dan eenmaal realiseren dat ze in de maling zijn genomen, is het meestal al te laat. Hier komen de honden van de jagers in beeld. Zij jagen de ganzen op en zodra die dan weer in de lucht zijn, worden ze door het geboefte in het veld neergeschoten. Vervolgens bespringen de jachthonden hun prooi om de klus definitief af te maken. Weet je, Gardolf, het is moeilijk om erover te praten, ik zie het allemaal zo weer aan me voorbijtrekken,' zegt Mira.

'Ternauwernood overleefde ik zelf ook zo'n doodseskader van jagers met hun bloeddorstige honden. Als ik eraan denk, lopen de rillingen weer over mijn lijf. De angst, de doodsstrijd van mijn familieleden die het niet hebben overleefd. De honden die de slachtoffers komen halen terwijl zij nog voor hun leven vechten. Meestal maken de honden de klus af. Lukt dat niet, dan draaien de jagers je uiteindelijk hoogst persoonlijk wel de nek om. Kortom, bijna niemand overleeft zo'n zinloze slachting in het veld,' stamelde Mira geëmotioneerd.

'Het trauma dat je daarvan oploopt, raak je nooit meer kwijt, het achtervolgt je altijd en overal. Voordat we nu ergens neerstrijken, scannen de verkenners van onze groep de hele omgeving uit voorzorg zo goed mogelijk af om elk risico te vermijden. Maar zelfs dan nog ... Ik bedoel, die jagers zijn natuurlijk ook niet van gisteren. Die stellen zich verdekt op en dragen camouflagekleding zodat ze minder opvallen in het landschap. De jachthonden spelen hun spel eveneens met verve. Zij zijn er speciaal op getraind de sloopwerkzaamheden van hun baas vakkundig af te maken. Wat ze daarna allemaal met je ontzielde lichaam doen, is ons niet helemaal duidelijk, maar ik acht de kans toch zeer reëel dat we uiteindelijk in de pan zullen verdwijnen.'

Dit soort gruwelverhalen hakken er flink in. Het valt mij zwaar steeds weer dit soort ellende aan te moeten horen, om er dan vervolgens niets aan te kunnen veranderen. De een na de ander klopt bij me aan voor goede raad en support.

'Ik zou willen dat ik er iets aan zou kunnen veranderen, Mira,' verzucht ik, 'maar ik kan er niets aan doen. Ik sta ook hier weer volkomen machteloos. Ik kan je een luisterend oor bieden, maar veel meer kan ik op dit moment helaas niet voor je betekenen.'

Helaas is de lijst met dieren die in de ogen van de mens schade aan gewas, bos, tuin, verkeer, dijk of wat dan ook toebrengen nog vele malen langer.

Het blijkt dat bijvoorbeeld ook spreeuwen op deze zogeheten dodenlijst staan omdat ze van het fruit van fruitbomen eten. Het aantal spreeuwen neemt snel af in Nederland. Ik heb mij laten vertellen dat dit onder meer komt door intensievere landbouw en het gebruik van bestrijdingsmiddelen die ook het aantal insecten drastisch doet verminderen. Insecten zijn namelijk een belangrijk onderdeel van het menu van de spreeuw. Als er minder insecten zijn, krijgen de spreeuwen, en ook veel andere vogels, het steeds moeilijker. Maar er worden ook steeds vaker spreeuwen afgeschoten, omdat ze de gehele oogst van fruittelers zouden opeten.

Damherten staan eveneens op dezelfde dodenlijst, enkel omdat ze een te groot risico vormen voor de verkeersveiligheid en omdat ze, zij het sporadisch, binnen de bebouwde kom schade aan particuliere tuintjes zouden veroorzaken door alle plantjes op te eten.

Ook de halsbandparkiet prijkt op diezelfde lijst. Deze vrolijke papegaaiachtigen zijn vermoedelijk eind jaren zestig ontsnapt of vrijgelaten uit een volière. Dit kan ergens in Amsterdam gebeurd zijn, maar het zou ook zomaar in Den Haag geweest kunnen zijn, omdat daar ook al heel lang een grote populatie halsbandparkieten leeft. Deze ondeugende herriemakers komen oorspronkelijk uit India en Pakistan, maar weten zich hier ook bijzonder goed aan te passen.

Omdat ze vrij brutaal en dominant zijn, vinden sommige mensen dat ze een serieuze bedreiging vormen voor verschillende inheemse vogelsoorten. Ook fruittelers klagen steen en been over de parkieten, de dieren zouden namelijk delen van hun boomgaard aanvreten. Zodoende gaan er stemmen op om ze dan maar af te schieten. De parkieten hebben zich inmiddels zo goed aan het Nederlandse klimaat aangepast dat er nu al zo'n twaalfduizend exemplaren in Nederland rondvliegen, waardoor bestrijding, op welke manier dan ook, een wel haast onmogelijke taak zou zijn geworden.

De Amerikaanse rivierkreeft zou ook op de dodenlijst staan. Deze exoten bevolken sinds de jaren tachtig van de vorige eeuw onze wateren en voelen zich hier prima thuis. Ze hebben geen natuurlijke vijanden, waardoor ze zich razendsnel verspreiden. Doordat ze over land van de ene naar de andere plek migreren, spreiden ze zich als een olievlek over het land uit. Niets aan de hand, zou je zeggen.

Wat veel mensen echter dwars schijnt te zitten, is dat ze net boven de waterspiegel, in de oevers van slootjes en plassen, kleine gangetjes graven om hun eitjes te leggen. Dit zou, volgens de kenners, verzakkingen kunnen veroorzaken, waardoor er acuut gevaar kan ontstaan voor een dijkdoorbraak. Daarnaast schijnen ze ook nog een bedreiging te zijn voor bepaalde inheemse waterdieren en planten.

Een ander dier dat ook al jaren lang op de nominatie staat om uitgeroeid te worden, is de muskusrat. Deze exoot komt oorspronkelijk uit Noord-Amerika en is rond 1910 naar Europa gehaald voor de pelsfokkerij. Nadat er enkele exemplaren waren ontsnapt, verspreidde de muskusrat of, bisamrat, zich razendsnel over geheel Europa. In 1938 werden de eerste exemplaren in Nederland gevangen en in 1987 waren dat er al bijna 290.000.

De muskusrat is een echte waterliefhebber. Ze zijn vaak te vinden in en rond sloten, rivieren, meren en beekjes. Ze leven vooral van waterplanten en daarnaast verorberen ze ook in mindere mate zoetwatermosselen, kreeften en vis. Hun voortplantingsdrift is de voornaamste reden waarom ze zo talrijk zijn. De vrouwtjes brengen namelijk gemiddeld drie keer per jaar een nestje met zes jongen ter wereld.

Muskusratten vormen volgens veel mensen al jarenlang een ernstige bedreiging voor de dijken in dit waterrijke landje omdat de dieren, evenals de Amerikaanse rivierkreeft, gangen in oevers van rivieren en kanalen graven. Men neemt deze dreiging echter zo serieus dat het dier met wortel en tak uitgeroeid dient te worden. Het aantal muskusratten is de laatste jaren al sterk afgenomen. In 2018 zijn er nog 53.511 gevangen en een jaar later in 2019 waren het er nog 'maar' 50.319.

De bestrijding van deze (water)ratten gaat echter onverminderd door totdat ook de allerlaatste muskusrat het loodje heeft gelegd. In gebieden waar het graven van gangen geen risico vormt, kunnen deze energieke knaagdieren echter gewoon met rust gelaten worden en waar ze wel een gevaar voor de dijken vormen, zouden dan misschien preventieve maatregelen genomen kunnen worden. Simpelweg de gehele soort uitroeien is naar mijn bescheiden mening geen optie. Zoiets kan ik natuurlijk onmogelijk met droge ogen aan de andere dieren uitleggen.

Ook met de wilde zwijnen heb ik regelmatig contact. En inderdaad, zij vertellen me ieder jaar weer dat ze moeten vrezen voor hun leven. Elk jaar is het voor hen weer hetzelfde liedje en er lijkt maar geen einde aan te komen. Wat de zwijnen mij vertellen, is dat ze een groot deel van het jaar door jagers achternagezeten worden, enkel omdat ze de grond omwoelen op zoek naar voedsel en veel jonge planten aanvreten.

Ja, ze zouden volgens verschillende boswachters zelfs het hele bos opeten, wat mij nogal overdreven lijkt. Ook zouden deze aardvarkens een gevaar voor de verkeersveiligheid vormen. Uit naam van natuurbeheer worden daarom in Nederland jaarlijks minimaal 15.000 dieren over de kling gejaagd. 'Als we niets doen, komen er te veel en dat is schadelijk voor het bos,' zeggen de faunabeheerders. Denken ze dat nou werkelijk?

Het dier dat verreweg de meeste schade aan de natuur toebrengt, is de mens, maar daar hoor je faunabeheer niet over. Nee, de mens gaat onverstoorbaar door met datgene wat ze al decennialang doen. Ze zien kennelijk nog steeds niet in wat voor een onherstelbare schade ze aanrichten. Ze zien ook nog steeds niet in hoeveel leed ze onder de dieren veroorzaken. Voor veel dieren is het inmiddels twee voor twaalf, maar dat geldt natuurlijk ook voor de mensen zelf. Er moet snel iets veranderen. Mensen zouden zich meer bewust moeten zijn van de dieren en planten om hen heen en meer moeten nadenken wat zij voor elkaar zouden kunnen betekenen in het leven.

Tijdens een van de laatste Balaton Meetings nabij het Balatonmeer in Hongarije heb ik van een collega-uil voor het eerst gehoord over het fenomeen *Big Game Hunting*, ook wel *Trophy Hunting* genoemd. Dit is een Engelse term voor het jagen op groot wild. Populaire gebieden waar het jagersgilde zich – tegen een flinke financiële vergoeding – heerlijk kan uitleven, zijn onder andere Noord-Amerika, Canada, diverse Afrikaanse landen en enkele Zuid-Europese landen.

Al jarenlang worden er, met name voor mensen met een goed gevulde beurs, speciale reizen georganiseerd om te gaan jagen op groot wild. Vaak gaat het er bij dit soort jachttripjes om dat de jager in kwestie een van de dieren uit de *Big Five* wil doden. Deze Big Five bestaat uit de vijf dieren die volgens jagers het moeilijkst te bejagen zouden zijn en zodoende dus ook het meest populair zijn.

We hebben het hier dan over de olifant, de neushoorn, de leeuw, de buffel en het luipaard. Potentiële jagers worden voor dit soort uitstapjes veelal lekker gemaakt via kleurrijke folders en gelikt uitziende websites. Dit soort macabere reisjes zijn vaak erg goed verzorgd. Alles is tot in de puntjes geregeld en er is van alles mogelijk, zolang men de beurs maar trekt. Men gaat zelfs zover dat er complete huwelijksreizen worden aangeboden waarbij de recent in het huwelijk getreden tortelduifjes hun ultieme jachttrofee kunnen schieten om daar dan vervolgens in hun nieuwe huis mee te pronken.

Veel trofeejagers gaan er prat op dat zij alle dieren van de Big Five minstens eenmaal hebben gedood. Sommige jagers zijn apetrots op het feit dat zij bijvoorbeeld meer dan vijfhonderd (!) olifanten hebben gedood. Een bizar record, maar voor deze mensen betekent dit erg veel. Het levert een bepaalde status op en tegelijkertijd geeft het hun ook een gevoel van macht, aanzien, onoverwinnelijkheid en zelfvertrouwen. In de wereld waarin deze 'hobbyisten' zich begeven, leggen dit soort triomfen vaak extra gewicht in de schaal.

En om hierop nog even door te gaan, diverse bekende trofeejagers claimen zelfs vol trots dat zij twee-, vier- of zelfs wel zesduizend dieren hebben gedood. Zo gaat er bijvoorbeeld een verhaal rond over een Braziliaanse tandarts die in vijfentwintig jaar tijd meer dan duizend jaguars heeft gedood. De jaguar is echter al jarenlang een beschermde diersoort waar niet meer op gejaagd mag worden. Toch is dit al die tijd gewoon illegaal gebeurd.

Deze dierenbeul is uiteindelijk in de kraag gevat en riskeert nu een jarenlange gevangenisstraf. De geschoten dieren worden na afloop van een jachtpartij meestal opgezet, om daarna als pronkstuk te fungeren in het huis van de jager. Op deze manier kan hij of zij goede sier maken bij vrienden en zakenrelaties.

Er worden zelfs speciale beurzen georganiseerd waar allerlei bedrijven, die zich bezighouden met deze zieke tak van sport, complete Trophy Hunting reispakketten aanbieden. Dit soort tripjes kunnen in prijs variëren van $ 2.500 tot wel $ 150.000, afhankelijk van het aantal dagen en het wild waarop gejaagd wordt. De organisatoren zijn dus over het algemeen graag bereid flink uit te pakken. Er valt immers veel geld aan te verdienen.

In het onherbergzame achterland van Zuid-Afrika zijn zelfs speciale leeuwen-boerderijen te vinden waar leeuwen worden gefokt om als jachttrofee te dienen voor rijke toeristen van over de gehele wereld. In dit deel van Afrika zijn zeker 333 van dit soort leeuwenfokkerijen gehuisvest. In totaal gaat het hier om zo'n twaalfduizend katachtigen die niet alleen voor de jacht worden gehouden, maar ook voor de slacht.

Het is namelijk allemaal een kwestie van geld. De gedode leeuwen worden geslacht, waarna men hun botten vermaalt tot poeder. Dit kostbare goedje blijkt in China erg populair te zijn bij rijke Chinese mannen die het restproduct van gemalen leeuwenbotten gebruiken als potentieverhogend middel. Daarnaast worden de vermalen leeuwenbotten ook vermengd in allerlei traditionele Chinese medicijnen. Deze hele leeuwenindustrie in Afrika is dus gewoon *big business*. Dat mensen graag veel geld willen verdienen, moeten ze natuurlijk zelf weten, maar doe het niet over de ruggen van volstrekt onschuldige dieren.

Veel jagers hebben er echter alles voor over om hun droom na te jagen, dan wel uit te laten komen en dat leidt regelmatig tot nogal bizarre taferelen. Er schijnen bijvoorbeeld foto's in omloop te zijn met daarop een pasgetrouwd stel, verstrengeld in een innige omhelzing voor een dode neushoorn die de twee tortelduifjes enige minuten daarvoor op een gruwelijke manier om het leven hebben gebracht.

En wat te denken van een gezellig familiekiekje met de kinderen ergens in een bos naast een dode grizzlybeer die de vader des huizes even daarvoor heeft afgeschoten. Goed voorbeeld doet goed volgen, alleen is dit natuurlijk juist een heel slecht voorbeeld.

Dan is er ook nog een bekende Amerikaanse tandarts die het op zijn geweten heeft de iconische en zeer geliefde mannetjesleeuw Cecil in Zimbabwe met een pijl en boog te hebben vermoord. En ook hij heeft dit gruwelijke moment vast laten leggen op de gevoelige plaat. Breed lachend en trots als een pauw zit hij samen met zijn partner in crime naast zijn beroemde slachtoffer dat hij zojuist naar de eeuwige jachtvelden heeft geholpen. Onvoorstelbaar!

Of de 37-jarige blondine uit Zuid-Afrika die op Valentijnsdag een langgekoesterde droom zag uitkomen. Zij werd door haar liefhebbende echtgenoot namelijk getrakteerd op een jachtpartijtje waarbij zij eindelijk haar ultieme natte droom, het doden van een enorme mannetjesgiraffe, in vervulling kon laten gaan. Op foto's staat ze afgebeeld met een glimlach van oor tot oor en in haar handen het gigantische hart van het omgekomen slachtoffer. In haar beleving is dit haar valentijnshart, een cadeautje van haar man voor zijn grote liefde.

Als excuus voor deze gruweldaad stelt de dame in kwestie dat de plaats van het gedode oudere mannetje wordt ingenomen door een jonger exemplaar, wat weer zorgt voor een meer gevarieerde genenpool bij het nageslacht. Volgens haar zijn trofeejagers daarom de enige mensen die wilde dieren beschermen.

Voor dit soort mensen hebben dieren in het wild alleen maar waarde als ze afgeschoten kunnen worden. Ook is ze er trots op al vanaf haar vijfde jaar te jagen en dat ze sinds die tijd al meer dan vijfhonderd (!) dieren heeft gedood. O ja, mevrouw vertelde er ook nog even fijntjes bij dat ze van de giraffehuid een mooi tapijtje wil laten maken.

Helaas denken de meeste trophy hunters er net zo over als dit serpent. Sorry dat ik me zo laatdunkend uitdruk, maar mijn uilenhart brak toen ik dit hoorde.

Verreweg de meeste jagers rechtvaardigen hun moordpartijen steevast door te beweren dat ze van dieren houden en zogenaamd aan wildbeheer doen. Ze houden bij hoog en laag vol dat ze vrijwel uitsluitend jagen om de soort in stand te houden, deze te behoeden voor de ondergang en de wereld veiliger te maken voor de mensen.

Als vertegenwoordiger van de dieren weet ik natuurlijk samen met zovelen anderen dat dit niet de juiste manier van doen is. Dit kan en mag je dieren gewoon niet aandoen.

Illegale stroperij

Maar dit is nog niet alles. Zo is er ook nog de illegale stroperij. Ik heb daarover tijdens onze jaarlijkse bijeenkomst aan het Balatonmeer vreselijke verhalen gehoord. In deze tak van sport gaat het namelijk niet zoals bij Trophy Hunting om de eer of de trofee, maar puur en alleen om het geld wat ermee verdiend wordt. De belangen in de stroperij zijn groot. En hoewel het veelal illegaal gebeurt, gaat het hierbij toch al snel om zo'n vierhonderd miljoen dieren per jaar.

Geschat wordt dat er wereldwijd jaarlijks negentien miljard euro omgaat in de illegale handel van gestroopte dieren. Men moet dan onder andere denken aan ivoor van olifanten, hoorn van de neushoorn, tijgerhuiden en gemalen tijgerbotten voor traditionele Chinese medicatie, haaienvinnen voor Chinese haaienvinnensoep, schubdieren waarvan men de schubben eveneens gebruikt voor traditionele Chinese medicijnen en zeeschildpadden waarvan mensen de eieren verhandelen en consumeren.

Wat veel mensen waarschijnlijk niet eens weten, is dat met de enorme opbrengsten uit de illegale stroperij weer allerlei criminele bendes en duistere groeperingen worden gefinancierd. Doordat de belangen zo groot zijn, maken stropers en natuurbeschermers elkaar het leven zuur. Dit gaat soms zelfs zo ver, dat men beter van een soort oorlogssituatie kan spreken. Bijna dagelijks vallen er aan beide zijden doden en gewonden, maar de strijd gaat onverminderd door.

Een zeer schrijnend voorbeeld van illegale stroperij zijn de enige twee nog levende noordelijke witte neushoorns in Kenia. Omdat deze twee vrouwtjes de enige overlevenden van hun soort zijn, worden ze permanent (24/7) bewaakt door zwaarbewapende soldaten.

Er gloort echter nog een klein sprankje hoop voor de dames. Wetenschappers zijn er namelijk in geslaagd om bij deze twee vrouwtjes eicellen af te nemen die ze nu willen gaan bevruchten met het ingevroren zaad van een al eerder overleden mannetje. Mogelijk kan hiermee de soort nog gered worden, maar dan moet wel alles meezitten.

Wereldwijd worden er door de mensheid dus nog steeds miljoenen dieren uitgebuit, opgejaagd, afgeslacht, mishandeld en misbruikt. Veel dieren worden vanaf hun geboorte al opgesloten in kleine ruimtes. Ze hebben in de meeste gevallen geen enkel uitzicht op een normaal leven in vrijheid. En waarom? Wat hebben we de mensen misdaan? Waar hebben we dit allemaal aan verdiend? Wij, de dieren, weten het niet, al heb ik zelf natuurlijk wel een vermoeden. Het heeft vrijwel altijd met geld te maken, dat is meestal de enige echte drijfveer achter al deze wanpraktijken die ons ten deel vallen.

Daarom hoop ik dat mensen geraakt worden door de verhalen die de dieren mij vertellen, zodat er op den duur een soort van bewustzijn tot stand komt dat een positieve verandering voor veel dieren in gang zal zetten. Want dat er snel iets moet veranderen, lijkt mij wel duidelijk.

4

VARKENSBOER GERT

Via via heb ik vernomen dat er op de varkensboerderij van boer Gert het een en ander mis is en daarom heb ik besloten er maar eens een kijkje te gaan nemen.

Boer Gert is een boom van een kerel met een paar handen als kolenschoppen. Hij is varkenshouder in Tolsum, een klein plaatsje ergens in het hoge noorden van het land, en al jaren de trotse eigenaar van een heuse megastal met duizenden vleesvarkens (men spreekt van een megastal als er meer dan zevenenhalfduizend vleesvarkens in gehouden worden). Maar de beste man staat nou niet bepaald bekend om het feit dat hij zo goed met zijn dieren omgaat. Hij denkt alleen maar aan zijn eigen belangen en nauwelijks aan het welzijn van zijn dieren.

De bewoners van deze megastal klagen al tijden steen en been en het regent dan ook klachten over de varkenshouder. Zij hebben mij gevraagd of ik eens langs wilde komen en daar geef ik dan ook graag gehoor aan.

Zodra ik de stal binnenkom, bemerk ik gelijk al dat er onder de bewoners een ongezonde spanning heerst. De ruimte oogt smoezelig en er is nauwelijks behoorlijke verlichting aanwezig. Daarnaast is het ook nog eens erg benauwd omdat er waarschijnlijk zelden of nooit gelucht wordt; kortom een erg ongezonde leefomgeving. Ook de hygiëne is hier ver te zoeken, het plafond en de muren hangen vol met spinnen raggen en resten varkensmest. Wanneer hier voor het laatst is schoongemaakt weet ik niet, maar dat is in ieder geval lang geleden.

De varkens zijn onrustig. Sommigen staren apathisch voor zich uit. Hun blik is leeg, hun ogen staan dof, de sprankeling is eruit, als die er al ooit in heeft gezeten. Ze staan of liggen allemaal dicht op elkaar gepakt. Sommige dieren gaan elkaar uit pure frustratie en wanhoop te lijf, met alle gevolgen van dien. Veel varkens lopen hierdoor nare verwondingen op die vervolgens weer tot ontstekingen kunnen leiden.

Het komt helaas vaak voor dat varkens met open wonden aan hun poten door ontstekingen kreupel worden. Daar zou normaalgesproken door een veearts naar gekeken moeten worden, maar dat kost allemaal veel geld, dus u raadt het al ... Er wordt niets aan gedaan. Het gevolg is dat deze dieren dagen of soms wel wekenlang pijn lijden zonder dat iemand er überhaupt naar kijkt. Kortom, er is hier veel mis.

Boer Gert vindt echter dat het allemaal wel meevalt. Het gaat immers allemaal om de centjes en daarom wil hij zoveel mogelijk varkens op een vierkante meter houden. Het moet voor hem economisch rendabel blijven, dus is hij graag bereid tot het uiterste te gaan van wat toelaatbaar is om op die manier toch zijn gestelde targets te behalen.

Sterker nog, veel van dit soort boeren calculeren zelfs een bepaald percentage uitval van tevoren in. Met andere woorden, ze houden er vooraf al rekening mee dat er een aantal dieren geruimd zullen moeten worden, omdat die voortijdig door allerlei ziekten en ongemakken het leven laten.

Wat helaas nogal eens onderschat wordt, is dat varkens bijzonder intelligente dieren zijn. Dit is zelfs wetenschappelijk aangetoond, omdat hier jarenlang onderzoek naar is gedaan. Ze hebben bijvoorbeeld een goed geheugen, zijn erg sociaal en zijn ook nog eens hygiënisch op zichzelf, al zou je dat laatste nou niet snel van een varken verwachten.

Dat ze dagelijks een modderbad nemen, wil niet zeggen dat het daarom vieze dieren zijn. Deze modderbaden hebben namelijk een functie. Buiten het feit dat ze het leuk vinden, wordt het vooral gedaan om af te koelen en ook uit het oogpunt van hygiëne. Door een modderbad te nemen en vervolgens de opgedroogde modder weer van hun huid te schuren, ontdoen ze zich namelijk van irritante insecten zoals teken en luizen.

Daarnaast zijn varkens al binnen zeven dagen zindelijk en zullen ze normaalgesproken dan ook nooit hun eigen nest bevuilen. Varkens wroeten graag met hun snuit door de grond op zoek naar verschillende soorten voedsel, zoals regenwormen, insecten, zaden, eikels, noten en kastanjes. Het zijn dus alleseters, maar wel met tafelmanieren.

Nadat ik alles een beetje in mij opgenomen heb, spreek ik Frouke, een oudere zeug (een vrouwtjesvarken wordt zeug genoemd en een mannetjesvarken noemt men beer) met zestien jonge biggetjes, die hier al een tijdje woont. Ze vertelt me dat het leven zwaar is in de stal van boer Gert. Zo is ze bijvoorbeeld nog nooit in haar leven buiten geweest. Het enige moment dat zij en haar stalgenoten een glimp van de buitenwereld zullen opvangen, is tijdens het transport in de veewagen op weg naar het abattoir. De varkenshel.

'Je zult het niet geloven, Gardolf,' zegt Frouke, 'maar iedere week, meestal op vrijdag, komt er een grote vrachtwagen van het abattoir de stal in rijden. Op dat moment breekt er een golf van paniek uit onder de stalbewoners. Niemand weet precies wat er te gebeuren staat of wie er dit keer de wagen in moet, om vervolgens nooit meer te worden herenigd met zijn of haar familie.

We zitten hier vanaf onze geboorte zo dicht op elkaar gepakt, dat je op een gegeven moment werkelijk alles van je buren te weten komt, en ja ... dat schept toch een band. Je beschouwt elkaar na een tijdje gewoon als je eigen familie. En we zitten natuurlijk allemaal in hetzelfde schuitje, zoals je snapt.'

Ik knik begrijpend.

Frouke vervolgt: 'Al deze lieve, onschuldige, dames en heren komen een keer aan de beurt om ooit te zullen eindigen als rollades en karbonades op het bord van onze kwelgeesten. We hebben echter nimmer een vlieg kwaad gedaan. Waar hebben we dit toch allemaal aan verdiend, Gardolf? Denk je eens in, je hele leven opgesloten in een vieze, smerige stal. Een ruimte van krap twee vierkante meter, daar moet je het maar mee doen, dat is alles wat we te zien krijgen in deze wereld. Altijd in deze donkere benauwde omgeving, dag in dag uit, week in week uit.

En dan plots ... zonder enige aankondiging is het de dag des oordeels en komen ze je halen. De staldeur gaat open en vervolgens word je hardhandig de veewagen in gewerkt. Dan weten de meesten van ons eigenlijk al wel hoe laat het is; het begin van het einde. Toch weet niemand van ons hier precies wat hem of haar te wachten staat.

Er bestaat echter een verhaal dat er, lang geleden, een grote sterke beer, een mannetjesvarken, genaamd Liam, leefde die op een gegeven moment samen met tientallen andere lotgenoten in een veewagen werd geladen om vervolgens afgevoerd te worden naar het slachthuis. Wat hij daar allemaal zag, ging elk voorstellingsvermogen te boven. De dieren werden er nogal hardhandig behandeld en dan druk ik mij nog voorzichtig uit.

Zo werden bijvoorbeeld stroomstootwapens ingezet om de dieren naar de martelkamers te dirigeren. Varkens waarbij het verdoven niet geheel was gelukt, werden nog half bij bewustzijn in baden met gloeiend heet water van zestig graden gehangen om zo hun huid te ontdoen van vuil en haren. Het gegil van de slachtoffers gaat een ieder door merg en been. Liam zag wat voor verschrikkelijke dingen daar allemaal gebeurden en wist op miraculeuze wijze te ontsnappen uit het slachthuis.

Vanaf dat moment vertelde hij alle varkens in de wijde omgeving over de gruwelijkheden die daar plaatsvinden. Zijn bevindingen worden nog steeds doorverteld, zodat ook nieuwe generaties weten wat hen straks voor gruweldaden te wachten staat, als de veewagen ze komt ophalen.

Het is nu in ieder geval voor iedereen overduidelijk dat het hier niet om een plezierreisje gaat, maar meer een enkele reis naar de hel. Geen al te fijn vooruitzicht natuurlijk voor een varken van pakweg zesentwintig maanden oud, maar dat is nou eenmaal ons lot.

De slachtoffers in spe kunnen zich zo in ieder geval nog enigszins voorbereiden op al het onheil wat hen te wachten staat, voor zover dat überhaupt al mogelijk is natuurlijk. De grote Liam, zoals hij ook wel liefkozend wordt genoemd, is voor veel varkens uitgegroeid tot een ware legende. Iemand die ze bewonderen om zijn moed en om wat hij, tot op de dag van vandaag, nog steeds voor veel varkens betekent. Dat hij ze heeft gewaarschuwd voor wat komen gaat en ons de kracht heeft gegeven om al deze ellende enigszins de kop te bieden.'

Helaas zijn de ervaringen van Liam in het slachthuis geen uitzondering op de regel. Mij bereiken regelmatig zeer verontrustende geluiden van dieren met soortgelijke verhalen. Na een kort, uitzichtloos en zwaar leven worden veel dieren in de bio-industrie ook nog eens op een nogal dieronvriendelijke manier om het leven gebracht. Het begint al bij het vervoer naar het slachthuis. Kippen worden bijvoorbeeld gevangen in de stal en vervolgens hardhandig met tien tot vijftien dieren in een krat gepropt. Dit gaat bijna altijd gepaard met enorm veel stress. Ook kan er letsel ontstaan aan de vleugels en poten van de dieren. Veel leghennen en vleeskuikens sterven al tijdens het transport aan hun verwondingen nog voor ze überhaupt het slachthuis hebben bereikt.

Eenmaal aangekomen worden de dames wederom hardhandig uit de kratten gehaald en op een zeer oneerbiedige manier ondersteboven met hun poten aan een soort lopende rails gehangen. Vervolgens wordt, allemaal volledig automatisch, de keel van de dames doorgesneden. Het komt regelmatig voor dat dit niet of maar gedeeltelijk lukt, waardoor sommige dieren het gehele proces nog deels bewust meemaken.

U kunt zich waarschijnlijk wel voorstellen dat dit geen pretje is. Vooral als u zich bedenkt dat er wereldwijd dagelijks honderden miljoenen kippen worden omgebracht. Dan kan het bijna niet anders dan dat er nog heel veel (verborgen) dierenleed in de wereld moet zijn. Er zijn helaas nog veel landen in de wereld waar niet of nauwelijks rekening wordt gehouden met het welzijn van dieren in de bio-, de bont- en de entertainmentindustrie. Om dan nog maar te zwijgen van alle horrorlaboratoria waar dieren te kust en te keur worden misbruikt voor de meest waanzin wekkende onderzoeken. Kortom, een dierenleven gaat lang niet altijd over rozen.

Maar goed, om weer even terug te komen op waar we gebleven waren; varkens kunnen onder natuurlijke, normale, omstandigheden wel vijftien tot twintig jaar oud worden. In de bio-industrie worden ze echter meestal al na zes tot acht maanden afgevoerd naar de slachtbank. Fokzeugen mogen nog iets langer van hun miserabele bestaan 'genieten', zij gaan meestal na twee jaar naar het abattoir.

Frouke ligt op het ogenblik, zoals dat heet, gefixeerd op haar plek. Dat wil zeggen dat de moederzeug binnen een soort stalen omheining ligt, zodat ze haar jongen niet kan verwonden of dooddrukken. Dit impliceert overigens wel dat zij nauwelijks nog bewegingsvrijheid heeft. Ze had überhaupt al niet veel ruimte, maar dat is op deze manier gereduceerd tot bijna nul.

'Het is verschrikkelijk, Gardolf,' stelt Frouke. 'We liggen hier de godganse dag in onze eigen uitwerpselen, zien nooit daglicht, komen nooit buiten en ik kan letterlijk mijn kont niet keren. Sorry dat ik zo tekeer ga, maar het leven is voor ons geen pretje, kan ik je vertellen. Die arme kleintjes van me,' ze wijst met haar snuit naar haar zestien biggetjes die gulzig en nietsvermoedend aan haar tepels liggen te sabbelen, 'krijgen het straks ook zwaar te verduren. Ze hebben nog geen idee wat voor ellende hen allemaal te wachten staat, de stakkers.'

Frouke gaat verder. 'Over een paar weken worden mijn zoontjes ook nog eens onverdoofd ontdaan van hun klokkenspel, vervolgens worden bij hen en mijn dochters de staartjes afgeknipt – eveneens zonder enige verdoving – en alsof dat nog niet genoeg is, worden ook hun oortjes gecoupeerd, waarbij het gekrijs van mijn kleintjes me door merg en been gaat. Het is allemaal om moedeloos van te worden, Gardolf.

En de ellende houdt maar niet op. Neem nou bijvoorbeeld de ventilatie hierbinnen, die laat nogal te wensen over. Er zitten wel ventilatieroosters in het dak, maar die worden zelden of nooit nagekeken, laat staan schoongemaakt. Vooral op warme, zomerse dagen is het hierbinnen soms niet te harden. De temperatuur kan dan zomaar tot een graad of veertig oplopen. Het komt dan ook regelmatig voor dat stalgenoten door de hitte het loodje leggen, om het zo maar te zeggen. Meestal zijn dat dan de al wat oudere en zwakkere dieren onder ons, maar ook veel kleintjes sterven een gruwelijke dood door zuurstofgebrek of oververhitting.

Als we geluk hebben en boer Gert is in een wat minder slechte bui dan dat hij normaliter is, wil hij tijdens dit soort hittedagen nog weleens een deur opengooien zodat er een beetje frisse lucht de stal binnenkomt, maar dat gebeurt slechts sporadisch.

En dan ligt er nog een ander levensgroot gevaar op de loer, Gardolf. De laatste jaren zie je dat er steeds vaker complete stallen tot de grond toe afbranden. Vele duizenden dieren zijn daarbij al op een vreselijke manier om het leven gekomen. Deze stalbranden worden meestal veroorzaakt door slechte ventilatie, oververhitting of kortsluiting, door ammoniakdampen en een teveel aan stof. Alleen al in 2019 zijn er 176.000 dieren omgekomen bij dit soort stalbranden.

Boer Gert neemt het, zoals je al zult vermoeden, allemaal niet zo nauw met de veiligheid. Het is dan ook een godswonder dat er hier nog nooit iets ergs heeft plaatsgevonden. Er is in de stal veel achterstallig onderhoud, waardoor het hier elk moment vreselijk fout kan gaan, maar er is werkelijk niemand die zich daar druk om lijkt te maken, terwijl daar toch alle reden toe is.'

Ook het wekelijkse transport op weg naar het abattoir schijnt een ware martelgang te zijn volgens Frouke. 'Zeker zomers als de temperaturen tot recordhoogte stijgen, is het voor de meeste stalgenoten een zware beproeving. De vrachtwagens die gebruikt worden om de dieren naar het slachthuis te vervoeren, beschikken slechts over kleine ventilatieroostertjes die onder extreem hoge temperaturen bij lange na niet toereikend zijn om de gehele ruimte goed te ventileren. En dan te bedenken dat dit ook nog eens de allerlaatste uren van deze arme drommels betreft, wat het natuurlijk allemaal nog eens extra zuur maakt.'

Maartje, een grote zeug die naast Frouke ligt en eveneens pas een nest biggetjes geworpen heeft, mengt zich nu ook in het gesprek. 'Ja, het klopt wat Frouke zegt, Gardolf. Het is hier inderdaad verschrikkelijk. Het is in de stal bijna altijd benauwd en vies. Onze leefruimte is minimaal, waardoor er veel irritaties ontstaan tussen de bewoners onderling. Kleine opstootjes en vechtpartijtjes zijn aan de orde van de dag. Iedereen hier heeft het moeilijk en velen van ons kampen dan ook met psychische, mentale en vooral fysieke problemen en dan druk in me nog bescheiden uit, Gardolf.

Nogmaals, varkens zijn erg intelligente dieren. Ik kan het niet genoeg benadrukken. De uitdrukking *zo dom als een varken* slaat dan ook helemaal nergens op. Qua intelligentie zitten we ongeveer op één lijn met dolfijnen, chimpansees en ja ... zelfs met mensen. De mensen zouden varkens misschien eens wat minder als domme, vieze beesten moeten gaan zien, want dat is namelijk een totaal onjuiste conclusie. Varkens blijken juist een heel sterk langetermijngeheugen te hebben. Als we eenmaal iets geleerd hebben, zullen we dat niet snel meer vergeten. Ook blijkt uit onderzoek dat varkens kunnen rouwen om soortgenoten die naar gene zijde zijn overgegaan. We bezitten dus allerlei, bijna menselijke, emoties en kunnen daardoor ook goed communiceren met elkaar,' aldus Maartje.

Dikwijls bereiken mij signalen dat mensen nou niet bepaald respectvol met varkens omgaan. Varkens worden over het algemeen gezien als een product dat geld oplevert en veel minder als gevoelige, intelligente wezens. Dat geldt helaas eveneens voor veel andere dieren die de mens houdt voor consumptie, zoals kippen, konijnen, koeien en geiten.

De varkens om ons heen beginnen zich nu ook in de discussie te mengen. Wat Frouke en Maartje me zojuist allemaal verteld hebben, wordt keer op keer bevestigd. Ik kan duidelijk merken dat er veel onvrede heerst onder de stalbewoners. De emoties lopen steeds hoger op. Meer en meer dieren willen ook hun zegje doen en zo ontstaat er langzamerhand een zekere onrust in de stal.

'Schandalig hoe we hier behandeld worden!' hoor ik een stukje verderop roepen.

En uit weer een andere hoek van de stal komen zelfs al de eerste suggesties voor een algehele opstand. Het geroezemoes zwelt steeds verder aan totdat plots, met veel kabaal, de staldeur openzwaait. In de deuropening staat boer Gert. De stoom komt bijna uit zijn oren van woede. Hij is afgekomen op de alsmaar aanzwellende protestkreten in de stal en komt nu even orde op zaken stellen. Vloekend en tierend beent hij rond. Hier en daar een doodschop uitdelend aan een slachtoffer dat op dat moment ongelukkigerwijs voor zijn voeten loopt. Er gaat direct een soort van siddering door de ruimte.

'Zie je nou, Gardolf,' fluistert Frouke, 'iedereen is als de dood voor die man.'

'Wat is hier in godsnaam allemaal aan de hand?' briest boer Gert. 'Kan het nou nooit eens een keertje rustig zijn, stelletje stompzinnige hamlappen dat jullie zijn. Nooit kan ik eens een keer rustig van mijn middagdutje genieten. Als jullie niet heel snel stoppen met al die herrie, dan zwaait er wat.' En zo briest hij nog een tijdje door. Na ongeveer een kwartiertje bedaart hij gelukkig wat en vertrekt even plotseling als hij gekomen was de stal weer uit.

Na enige tijd, als de rust is weergekeerd, gaat Maartje weer verder met haar betoog. Ze slaakt een diepe zucht. 'Weet je, Gardolf, boer Gert heeft ook nog een zoon, Jonathan genaamd. Die jongen is nu een jaar of vijftien geloof ik, en neemt over een paar jaar waarschijnlijk dit bedrijf van zijn vader over. Die jongen is wel oké volgens mij. Hij is in ieder geval gelukkig niet zo'n boeman als zijn vader. Hopelijk krijgen mijn nakomelingen het tegen die tijd wat beter als hij het hier dan voor het zeggen heeft. Beroerder dan dit kan het in ieder geval niet meer worden.'

'Ja Maartje,' antwoord ik haar, 'dat zou mooi zijn. Laten we het hopen.'

De nieuwe generatie veehouders groeit gelukkig op in een tijd waarin dierenrechten hoog op de agenda staan. Dat wordt zo langzamerhand ook weleens tijd, zou ik zeggen. De mens heeft het namelijk gepresteerd om decennialang vele diersoorten stelselmatig te onderdrukken, te kleineren, te exploiteren en uit te roeien. En dat alles met maar één doel voor ogen: om er zelf beter van te worden.

Het is eigenlijk gewoon ordinaire zelfverrijking, gewin en egoïsme van de bovenste plank. En dat terwijl mensen tegenwoordig toch heel goed zonder vlees en andere dierlijke producten zouden kunnen overleven. Het is tijd voor verandering. Wij hebben net zo goed recht op een humaan bestaan als de mens dat heeft.

Gelukkig zijn steeds meer jonge mensen zich bewust van het feit dat als ze op deze manier doorgaan, het helemaal de verkeerde kant op gaat. De nieuwe generatie mensen maakt zich dan ook steeds vaker hard voor bijvoorbeeld betere huisvesting en betere algemene leefomstandigheden voor dieren in de bio-industrie.

Ook strijden zij voor een verbod op het exploiteren van dieren in de toeristenindustrie, voor een verbod op de plezierjacht, voor een verbod op de walvisvangst en andere bijzondere zeedieren, en *last but not least*, voor een verbod op het nemen van experimentele proeven op dieren door de mens in hun laboratoria.

Het testen van allerlei soorten medicijnen en cosmetische producten op onschuldige, levende dieren is een van de meest wrede vormen van mishandeling door mensen uitgevoerd, en moet per direct stoppen. Hier kom ik later nog uitgebreid op terug tijdens mijn ontmoeting met Boomer de rat.

Nou moet ik wel toegeven dat niet alle varkens het zo slecht hebben getroffen als die bij boer Gert. Er komen gelukkig steeds meer biologische boeren bij. Allemaal boeren die wel om het welzijn van hun veestapel geven. Dit soort boeren doen, over het algemeen, hun best om het de dieren zoveel mogelijk naar de zin te maken en bij hen hebben de varkens het dan ook een stuk beter. Bij deze bedrijven moet men zich wel strikt aan bepaalde normen en waarden houden, als je tenminste in aanmerking wilt komen voor een bepaald (Beter Leven) keurmerk.

De varkens hebben er bijvoorbeeld recht op een zogenaamde vrije uitloop naar buiten, een flinke modderpoel, een speciaal samengesteld ontbijt en later op de dag een varkenswaardig diner, een ruim nachtverblijf met elke dag vers stro, goede ventilatie en natuurlijk een zorgzame baas. Je kunt het een beetje vergelijken met een drie- of viersterrenhotel.

De varkens van boer Gert zitten daarentegen in de gevangenis en hebben levenslang, zonder zicht op vervroegde invrijheidstelling. Uiteindelijk, als hun tijd er daar op zit, komt de beul ze ophalen en komen ze op een heel nare manier om het leven. En dat allemaal terwijl deze intelligente, sociale dieren tijdens hun leven alles hebben gegeven en volkomen onschuldig zijn. Ze hebben niemand ooit ook maar iets misdaan, geen misdaad gepleegd of wat dan ook. Toch eindigen ze allemaal als rollade, speklap, hamlap of gehaktbal op het bord van degenen die een stuk vlees verkiezen boven het leven en welzijn van deze prachtige dieren.

De verhalen van Frouke, Maartje en al die anderen zijn stuk voor stuk schrijnend te noemen. Ik ben er dan ook honderd procent van overtuigd dat ze geen onwaarheden verkondigen, omdat ik het nu ook met eigen ogen heb gezien. Als ik nog eens goed rondkijk in de stal van boer Gert, bevestigt hetgeen ik zie alleen maar wat de dames me zojuist allemaal in geuren en kleuren verteld hebben. Nee, excuses, ik zeg het verkeerd, de werkelijkheid is eigenlijk nog vele malen schrijnender.

Dit onderkomen voldoet allang niet meer aan de huidige normen die gelden voor dit soort vleesfabrieken. Overal waar je kijkt, is het smerig en hangen spinnenraggen. Er wordt hier overduidelijk niet of nauwelijks schoongemaakt, wat de gezondheid van de bewoners natuurlijk ook niet echt ten goede komt.

Veel dieren hebben dan ook wel een of ander mankement. Alle varkens lijden sowieso in hoge mate aan stress. Deze nieuwsgierige, leergierige dieren hebben geen enkele afleiding behalve elkaar, wat er vaak toe leidt dat ze elkaar, om het minste of geringste, te lijf gaan. Met alle gevolgen van dien.

Dat is ook de reden dat bij biggetjes van ongeveer een week oud direct de staartjes worden afgeknipt of afgebrand. Dit om het staartbijten bij elkaar op latere leeftijd te voorkomen. Zoals iedereen wel zal begrijpen, worden deze behandelingen als zeer pijnlijk en traumatisch ervaren door de jonge biggetjes.

De oplossing voor dit probleem kan echter heel simpel zijn. Geef ze een bodempje stro of ander natuurlijk materiaal, in plaats van de harde betonnen roostervloeren waar zij nu op moeten lopen. Dan kunnen de varkens daar lekker met hun snuit in wroeten. Zo'n simpele verandering kan namelijk al voldoende zijn om de ergste stresssymptomen weg te nemen.

Frouke, Maartje en de andere varkens bevestigen mijn verhaal over het staartbijten wederom. 'Je slaat de spijker weer op zijn kop, Gardolf,' zegt Frouke. Het is precies zoals jij het vertelt en dat gaat nu al jaren zo, zonder dat er ook maar iets verandert aan onze situatie. We hebben nu al onze hoop gericht op de toekomst.'

'Ja, het zou mooi zijn als er eens verbeteringen komen, waardoor wij het wat aangenamer krijgen, Gardolf,' vult Maartje haar aan. 'We zijn er klaar mee. We zijn het meer dan zat om altijd maar gezien en behandeld te worden als een stelletje hersenloze hamlappen. Wij verdienen, naar mijn mening, beter dan dit, veel beter. Het is dan ook nu of nooit voor ons,' stelt Maartje.

'Het heeft allemaal al veel te lang geduurd. We leven hier gewoon in een soort vleesfabriek waar totaal niet naar ons wordt geluisterd. Onze mening telt niet. Ik kan het niet vaak genoeg herhalen, maar wij hebben ook gevoelens. Wij ervaren ook pijn als we van boer Gert weer eens een rotschop krijgen. En ja, we ervaren eveneens veel stress als de veewagen ons komt ophalen voor een laatste ritje richting het abattoir.

Wij zijn levende wezens en hebben, net zoals alle andere dieren, ook gevoelens en emoties. Mensen staan er misschien niet direct bij stil, maar ook wij kennen een rouwproces. Als er stalgenoten ernstig ziek zijn of komen te overlijden, hebben wij daar oprecht verdriet van. En onder al deze miserabele omstandigheden waarin we moeten zien te overleven, komt het helaas zeer regelmatig voor dat we afscheid moeten nemen van een dierbare. En dat doet ons pijn, Gardolf.

Ik hoop echt dat we dit op deze manier duidelijk kunnen maken aan degenen die ons dit allemaal aandoen. Men moet ons met meer respect behandelen en ons gaan zien als intelligente, leergierige en vooral gevoelige dieren. Hoe moeilijk kan dat nou eigenlijk zijn? Het is verschrikkelijk te moeten leven met de wetenschap dat verreweg de meesten van ons voor het vierde levensjaar zullen eindigen als hamlappen, speklapjes en rollades, terwijl we onder betere omstandigheden een leeftijd van wel twintig jaar zouden kunnen bereiken. Het is allemaal zo oneerlijk, Gardolf.'

En dan nog even dit: verreweg het meeste varkensvlees uit Nederland wordt geëxporteerd naar het buitenland. Ons land is namelijk een van de grootste exporteurs van varkensvlees in de wereld en dat is toch raar voor zo'n klein landje. Het draait dus allemaal louter om de centen. Het welzijn van de slachtoffers is helaas nog steeds van ondergeschikt belang.

2017 was bijvoorbeeld een topjaar voor de export van varkensvlees. In dat jaar werd er voor 1,9 miljard euro varkensvlees geëxporteerd naar het buitenland. Italië, Duitsland en Griekenland waren de grootste afnemers, maar ook China timmert als nieuwkomer inmiddels al aardig aan de weg. In de jaren daarna is de export alleen maar gestegen en is China met stip de grootste afnemer van varkensvlees geworden.

Klein lichtpuntje tussen al deze ellende is het feit dat er een flauwe daling te zien is van de export in levende dieren. Al met al blijft het een triest gegeven dat Nederland een van de grootste exporteurs in varkensvlees van de wereld is. Probeer dat maar eens uit te leggen aan al die miljoenen potentiële slachtoffers in de varkensindustrie.

Maar goed, ik moet zo langzamerhand mijn bezoek aan de stal van boer Gert gaan afronden. Na een emotioneel afscheid van Maartje en Frouke vlieg ik met gevoelens van ongeloof en verbijstering terug naar de oude eik in het grote bos.

Ik ben geschokt door alles wat ik vandaag weer gezien en gehoord heb. Het leed wat deze dieren dagelijks meemaken, is moeilijk te bevatten. Ik denk ook echt dat je dit eerst met eigen ogen gezien moet hebben, wil je je kunnen verplaatsen in de ellende en het leed van deze dieren. Dan wordt de ernst van de situatie pas echt duidelijk. Pas dan ga je goed beseffen wat de mensen deze dieren allemaal aandoen. Pas dan ga je inzien hoe groot de impact voor deze 'gevangenen' werkelijk is. Pas dan besef je in wat voor onmogelijke situatie deze dieren moeten zien te overleven.

Tegen de mensen zou ik daarom willen zeggen; de simpelste manier om echt iets voor deze en andere dieren te doen, is ze gewoon niet (meer) op te eten, er zijn tegenwoordig toch alternatieven genoeg. Daar komt nog bij dat mensen prima van een plantaardig dieet kunnen leven, zonder daarvoor in kracht of gezondheid te hoeven inleveren. Paarden, stieren en olifanten, om maar eens een paar krachtpatsers te noemen, eten immers ook alleen maar planten en zij gedijen daar al decennialang prima op, dus waarom zou de mens dat dan niet kunnen? Het idee dat mensen vlees nodig zouden hebben om sterk en gezond te worden, kan bij deze dus naar het rijk der fabelen gezonden worden.

5 GERDA DE KIP

Het is herfst, mijn favoriete jaargetijde. De bomen in het bos laten hun mooiste herfstkleed zien. Veel dieren zijn druk bezig hun voedselvoorraad weer op peil te brengen voor de winter die komen gaat.

Vandaag ga ik op bezoek bij een groot pluimveebedrijf in het midden van het land. Ik ben uitgenodigd door Gerda, een (nog) kloeke leghen van ongeveer een jaar oud, en haar vriendinnen. Ik ben erg benieuwd wat de dames me allemaal te vertellen hebben.

Voorafgaand aan mijn bezoekje zal ik u eerst even informeren over hoe het er in deze bedrijfstak vandaag de dag allemaal aan toe gaat.

De pluimveehouderij is een enorme industrie. Deze sector is te verdelen in grofweg drie verschillende soorten kippen, namelijk de vleeskip, de legkip en de haantjes. De kippen die tegenwoordig gefokt worden voor de vlees- en eierproductie stammen eigenlijk allemaal af van de rode kamhoen uit Zuidoost-Azië. Met dit dier is het ooit, zo'n achtduizend jaar geleden, begonnen. Zij is in feite de moeder aller kippen.

De vleeskip van tegenwoordig is een speciaal gefokte kippensoort met als eigenschap een ultrasnelle groei en veel borstvlees (kipfilet). Vooral vanaf de jaren zestig van de vorige eeuw heeft dit dier enorme lichamelijke veranderingen moeten ondergaan om uiteindelijk te worden wat het nu is.

Vleeskuikens, zoals ze ook wel worden genoemd, groeien tegenwoordig in ongeveer zes tot tien weken tijd uit tot een zogenaamde plofkip van tweeënhalve kilo. De kuikens kunnen tot wel zestig gram per dag groeien. Door deze extreem snelle groei zakken veel dieren letterlijk door hun poten, omdat die het gewicht van het lichaam niet meer kunnen dragen. Het is dan ook niet zo verwonderlijk dat erg veel dieren op deze manier allerlei gezondheidsproblemen ontwikkelen, ze moeten immers in een zo kort mogelijke tijd zoveel mogelijk vlees opleveren.

Vrijwel alle kuikens hebben last van stress omdat ze met te veel, drieëntwintig kippen per vierkante meter, op elkaar moeten leven. Verder krijgen ze door de hoge groeisnelheid rond de derde week chronische pijnen in hun poten en gewrichten. Ook lijden veel kuikens aan buikzucht (vochtophoping). Door al het vocht dat zich rond hun organen ophoopt, krijgen ze vaak moeite met ademhalen.

De vierde tot vijfde week is voor de kippen de zwaarste periode. Dan bezwijkt een deel van de kuikens namelijk aan problemen met het hart, de luchtwegen en andere vitale organen die het abnormale groeitempo niet meer kunnen bijbenen. Tot overmaat van ramp staan ze zo ongeveer hun hele leven in hun eigen uitwerpselen en in die van hun buurvrouw, zien amper daglicht en wordt de ruimte die ze tot hun beschikking hebben steeds kleiner naarmate zij zelf steeds groter worden. En dan krijgen ze zo nu en dan ook nog eens te maken met ziektes zoals de vogelgriep. Een zeer besmettelijk virus dat flink huis kan houden onder allerlei vogelsoorten. Als een pluimveebedrijf eenmaal besmet blijkt worden vaak alle dieren preventief geruimd (vergast) terwijl het tegenwoordig ook mogelijk is om te vaccineren.

De kip heeft de twijfelachtige eer al decennialang de meest gefokte diersoort van de mensheid te zijn om in de dagelijkse vleesbehoefte te kunnen voorzien. In 2017 werden er alleen in al Nederland maar liefst 604.471.600 mestkuikens geslacht. Jawel, u leest het goed, ruim 604 miljoen kippen in een jaar tijd, terwijl Nederland toen nog geen achttien miljoen inwoners telde. Dagelijks worden er in dit land anderhalf miljoen kippen geslacht. Verreweg het meeste vlees wordt ook in deze sector weer geëxporteerd naar het buitenland, we spreken dan over zo'n 80% van alle mestkuikens.

Ook kistkalveren en varkens worden door Nederland massaal geëxporteerd naar het buitenland, waardoor dit land gelijk tot een van de grootste exporteurs van vlees in de wereld gerekend kan worden.

Kalfsvlees wordt in Nederland overigens nauwelijks gegeten en ook in het buitenland is er niet heel veel vraag meer naar. Toch wordt ruim 90% van dit vlees geëxporteerd naar met name Frankrijk, Duitsland en Italië. Nederland is daardoor ook de grootste exporteur van kalfsvlees in Europa.

En dan hebben we nog de legkip. Hoewel de oude legbatterijen uit de jaren zestig tot en met negentig van de vorige eeuw in Europa al enige tijd verboden zijn, heeft de legkip het nog steeds niet makkelijk. Tegenwoordig hebben de dames zowaar iets meer ruimte dan voorheen (ongeveer twee A4'tjes per dier) maar dit is nog steeds bij lange na niet ideaal. Degene die terechtkomen op een bedrijf met vrije uitloop hokken hebben het meeste geluk, zij krijgen het dubbele (vier A4'tjes) aan loopruimte tot hun beschikking.

De jonge hennetjes worden in vier maanden tijd klaargestoomd tot ze volwassen zijn en dan kan het produceren van de eieren beginnen. Voorheen werd nog een deel van hun snavel afgeknipt of afgeschroeid om het pikken naar elkaar te voorkomen, maar dat is sinds 2018 gelukkig verboden. Na ongeveer een jaar lang op allerlei manieren volledig te zijn uitgeknepen door de kippenboer, daalt de eierproductie van de leghennen en zijn ze dus niet rendabel genoeg meer voor het bedrijf.

Dan is het moment aangebroken dat ze worden gevangen, hardhandig in kisten gepropt en op transport worden gezet naar het slachthuis, om uiteindelijk in de schappen bij de super als soepkip te eindigen. Een kippenleven in deze industrie duurt dus hooguit zeventien maanden en dan is het tijdens deze periode dus ook nog eens flink afzien voor de dames. Terwijl een kip onder betere omstandigheden, afhankelijk van het ras, ergens tussen de vijf en de twintig jaar kan worden.

Het is zo jammer dat de mens op deze wijze met dieren omgaat en maar niet schijnt in te zien dat men op een verschrikkelijke manier miljoenen onschuldige dierenlevens verwoest. Allemaal uitsluitend en alleen voor eigen gewin.

Tenslotte zijn er de haantjes, zij worden vlak na de geboorte van de hennetjes gescheiden en gedood, simpelweg omdat ze met de verkeerde sekse geboren zijn en daarom economisch niet rendabel. Met andere woorden, ze leveren geen geld op. Ten eerste kunnen ze geen eieren leggen en ten tweede hebben ze niet genoeg vlees op de botten om als vlees- of soepkip door te kunnen. Om deze twee redenen wil men dus zo snel mogelijk van ze af en dat kan op meerdere manieren. Of de kuikentjes worden verdronken (dit komt niet zo heel vaak meer voor), of ze worden vergast met kooldioxide (CO_2), of ze gaan door een soort shredder.

Deze laatste methode, het shredderen van haantjes, is dan misschien wel de snelste van de drie, maar ook gelijk de meest omstreden. Gelukkig is het in sommige landen sinds kort eindelijk verboden om de eendagshaantjes op deze manier om het leven te brengen. Vergassen is dus nog steeds de meest gangbare manier.

Per jaar worden er alleen al in Nederland ongeveer veertig miljoen mannelijke eendagskuikens in de gaskamers om het leven gebracht, wereldwijd hebben we het dan al snel over 3,2 miljard piepjonge haantjes per jaar. Ook hier ligt kennelijk weer niemand echt wakker van. Uiterst merkwaardig.

Een groot deel van deze gedode haantjes wordt ingevroren en gaat onder meer naar dierenparken en de dierenopvang, om daar als voedsel voor reptielen, roofvogels en andere hulpbehoevende smulpapen te dienen.

Een geluk bij een ongeluk is dat er sinds kort, door een Nederlands bedrijf, een methode is ontwikkeld waarbij men al in een heel vroeg stadium voor de geboorte van de kuikens (op de achtste dag van de broedperiode) kan vaststellen of er een hennetje of een haantje in het ei zit.

Er is veel belangstelling voor dit soort nieuwe technieken, maar helaas wordt het nog steeds niet grootschalig toegepast. Een van de redenen daarvoor is dat het momenteel nog te veel kosten met zich meebrengt. Ook zouden dit soort methodes nog niet accuraat genoeg werken, al zijn de meningen daarover verdeeld. Hopelijk is het een kwestie van tijd voordat men hiermee aan de slag gaat. Dat zal dan in ieder geval veel dierenleed besparen.

Warm onthaal

Wanneer ik bij de kippenschuur aankom, staat Gerda me al met een paar vriendinnen op te wachten. Ik krijg een warm onthaal en de dames maken mij duidelijk dat ze erg hebben uitgekeken naar dit bezoek. 'Fijn dat je er bent, Gardolf. We hebben veel te vertellen, dus kom alsjeblieft snel verder.'

Gerda en haar vriendinnen zijn leghennen, zogenaamde scharrelkippen, die eigenlijk helemaal geen ruimte hebben om lekker te kunnen scharrelen. Ze leven samen met duizenden andere hennen in een grote schuur. Oké, er ligt dan wel wat strooisel op de grond, maar hun bewegingsruimte is en blijft nog steeds nihil.

De dames komen direct ter zake: 'Kijk om je heen, Gardolf,' begint Gerda. 'We zitten hier met z'n negenen op een vierkante meter samengepakt, zien niet of nauwelijks daglicht en van die zogenaamde vrije uitloop is al helemaal geen sprake. We zijn überhaupt nog nooit in ons korte kippenleventje buiten geweest. En je moet ook niet denken dat we het hier altijd gezellig hebben, want je staat constant op de tenen van je buurvrouw.

Zo fijn is het hier helemaal niet, kijk nog maar eens goed om je heen, dan kun je het met eigen ogen zien. Veel van de dames hier zijn ziek, zwak of misselijk en hebben allemaal gebreken die ze normaal gesproken pas op veel latere leeftijd zouden krijgen. De enige reden dat we hier met z'n alle op elkaars lip zitten, is dat we de godganse dag eieren moeten produceren en dat is altijd weer een hele klus, kan ik je vertellen, Gardolf.

Normaalgesproken leggen we zo om de paar dagen een ei, maar hier zijn we elke dag de klos. Dat vergt enorm veel energie, snap je. Dit is voor ons een ware uitputtingsslag, ook al omdat de mensen tegenwoordig steeds grotere eieren willen. Ga d'r maar aanstaan. Het is elke dag weer een hele bevalling, ja, dat gaat je niet in de koude veren zitten,' zegt Gerda. 'Vraag het maar aan hen,' ze wijst met haar snavel naar haar vriendinnen die op een afstandje staan mee te luisteren. En inderdaad, de dames bevestigen alle beweringen van Gerda volmondig.

'We worden hier volledig uitgeknepen, in alle opzichten,' stelt Mieke, een van de hartsvriendinnen van Gerda. 'Vanaf het moment dat we uit het ei kruipen tot en met het moment dat we afgevoerd worden naar het slachthuis, is het een grote kwelling, Gardolf. Vrije uitloop, niets daarvan, we zitten ons hele leven hier in deze schuur en komen nooit buiten.'

'We hebben gelukkig veel steun aan elkaar,' gaat Gerda verder. 'Als dat niet zo zou zijn, was het hier niet uit te houden. De stress en de psychische problemen zijn enorm. Veel van de meiden die je hier om ons heen ziet, halen het abattoir niet eens. Op een leeftijd van ongeveer zeventien maanden en zo'n driehonderdvijftig eieren verder worden we letterlijk afgeschreven en vervolgens uitgekotst door onze kwelgeesten.

Op dat moment hebben we ons hele leven al opgeofferd voor de eierproductie, maar in plaats dat we dan eindelijk eens van een rustige oude dag mogen genieten, eindigen we als soepkip bij de slager. Dat is gewoon stank voor dank, Gardolf,' mijmert Gerda. 'Regelmatig zien we meiden die de moed hebben opgeven. Ze zijn moegestreden, zijn alle vernederingen waar ze dagelijks mee te maken krijgen meer dan zat.

Hun lichaam is verzwakt en zit vol met zweren en ontstekingen. Het is echt hartverscheurend te zien dat deze onschuldige, lieve, hardwerkende dames er zo geknakt bij zitten. Sommige zijn lichamelijk en geestelijk zo beschadigd dat ze op een gegeven moment zelfs besluiten geen voedsel meer tot zich te nemen om uiteindelijk in het harnas te sterven.'

'Het is diep, diep triest allemaal, Gardolf, en waarvoor? Wat hebben wij in hemelsnaam misdaan om zo behandeld te worden? Dit vraag ik me keer op keer af,' stelt Mieke. 'Het is allemaal zo oneerlijk. Ik snap het niet. Tot voor kort werden op heel jonge leeftijd ook nog eens onze snavels afgeknipt, zodat we elkaar uit pure frustratie en verveling niet zouden kunnen pikken. Sinds 2018 is dat godzijdank verboden en dus zou je kunnen zeggen dat we weer een hindernis hebben genomen, maar er zijn er helaas nog zo veel te nemen. Het lijkt wel of er nooit een einde komt aan alle ellende die we over ons heen gestort krijgen.'

'Nee, het houdt maar niet op,' jammert Bertie, een andere vriendin van Gerda, die op een afstandje staat mee te luisteren.

'Gelukkig is er een steeds groter wordende groep mensen die het wel voor ons opnemen. Zij hebben het beste met ons voor en demonstreren regelmatig om ons vrij te krijgen. Veel van deze mensen eten ons ook niet op als we straks afgedankt en wel als soepkip in de winkel liggen. Dit zijn de echte dierenvrienden en deze toppers zijn bijna allemaal vegetariër of veganist. Dit soort groeperingen groeit de laatste jaren vooral onder jonge mensen erg snel.

Steeds meer jongeren zijn zich er namelijk terdege van bewust dat veel dieren nog dagelijks lijden om maar aan de niet aflatende vraag naar vlees en andere dierlijke producten te voldoen. Daarom zijn zij ook van mening dat mensen alle dieren op een gelijkwaardige en respectvolle manier dienen te behandelen.

Dit zou dus inhouden dat geen enkel dier, op geen enkele wijze, mag worden misbruikt door of voor de mens. Een mooi streven, maar of dat ooit realiteit zal worden, is nog maar zeer de vraag. Ik heb er in ieder geval mijn twijfels over, Gardolf.'

Bertie vervolgt haar relaas: 'Mensen die zich inzetten voor dierenrechten worden vaak bestempeld als dierenactivisten. Zij hebben doorgaans een niet al te beste reputatie, maar dat is over het algemeen volkomen onterecht. Deze toppers zijn juist degene die zich met hart en ziel inzetten voor ons welzijn. Meestal gebeurt dat door middel van vreedzame demonstraties, petities die worden ondertekend, opvang van zieke of gewonde dieren en natuurlijk voorlichting.

Heel soms worden er zelfs heuse bevrijdingsacties, speciaal voor dieren die liggen te creperen in hun hokken, op touw gezet. Dit zet dan natuurlijk weer veel kwaad bloed bij de boeren en fokkers. *Schande!* roepen die dan in koor. Maar ja, zoiets kun je verwachten als je de dieren niet op een humane en respectvolle manier behandeld.'

'Een half jaartje geleden zijn er hier in deze kippenschuur 's nachts ook een paar van die dierenactivisten op bezoek geweest. Nou, ik kan je vertellen dat we ze met gejuich hebben ontvangen,' vertelt Gerda. 'Ze hebben die nacht een aantal vriendinnen, waarvan er enkele ernstig ziek waren, meegenomen en we zijn er allemaal van overtuigd dat deze dames nu een veel betere toekomst tegemoet gaan. Wij werken ons hier letterlijk en figuurlijk uit de naad, maar dat wordt totaal niet geapprecieerd.'

'Integendeel zelfs,' roept een van de andere dames, 'we worden gewoon als een stuk vuil behandeld.'

Er heeft zich inmiddels een grote groep hennen om ons heen verzameld en ook hier in deze kippenschuur is iedereen het er roerend over eens dat het zo niet langer kan. Er moet iets veranderen, en snel.

'De mensen zouden ons meer als individuen moeten zien en niet als producten, daar ligt het probleem volgens mij,' roept weer een ander.

'Dames, dames niet allemaal door elkaar,' roept Gerda. 'Anders kan Gardolf er helemaal geen chocola meer van maken. We zitten met z'n allen in hetzelfde schuitje, maar iedereen hier heeft zo haar eigen verhaal. Laat elkaar alstublieft eerst even fatsoenlijk uitpraten, dames, zodat Gardolf aan het eind van dit bezoek een duidelijk beeld heeft van de erbarmelijke omstandigheden waarin wij hier moeten leven. Dit is een unieke kans om ons verhaal naar buiten te brengen. Laten we het dan ook zo goed mogelijk proberen te doen. We moeten deze kans met beide kippenvleugels aannemen. Maar als we allemaal door elkaar gaan praten, komt onze boodschap straks niet goed over en dat zou toch eeuwig zonde zijn.'

Daar is iedereen het gelukkig volledig mee eens. De dames knikken instemmend en het gesprek kan weer worden hervat.

Een van de oudere hennen stapt naar voren. 'Mijn naam is Marga en ik kan wel zeggen, een van de oudgedienden in dit kippenhok. Aangezien ik hier al een tijdje verblijf, heb ik al het een en ander meegemaakt. Wat er tot nu toe allemaal is gezegd, kan ik alleen maar onderschrijven. Dat ik hier al veel langer zit dan de meeste anderen hennetjes om ons heen komt alleen maar doordat ik me een aantal keren op slinkse wijze heb weten te onttrekken aan het gezag, en met het gezag bedoel ik dan degenen die ons hier opsluiten.

Na ongeveer dertien maanden lang volledig te zijn uitgeknepen, is de rek eruit. De eierproductie daalt en vanaf dat moment zijn de dames dus rijp voor de slacht. Vervolgens komt er dan steevast een grote vrachtwagen voorrijden, waarna iedereen hardhandig in kratten wordt gepropt en getransporteerd naar het eindstation: de kippenslachterij.

Op dat moment heb ik dus de benen genomen en me ergens in een donker hoekje van de schuur verstopt. Op die manier ben ik al tot tweemaal toe de dans ontsprongen en ontsnapt aan de gang naar de slager. Ergens ben ik daar ook best wel een beetje trots op. Ik heb het tenslotte toch maar mooi twee keer achter elkaar geflikt. Nu probeer ik met alle kennis die ik hier inmiddels heb opgedaan andere hennetjes te helpen hoe ze hun verblijf in deze kippenhel zo aangenaam mogelijk kunnen doorbrengen.'

Na een dikke tweeëneenhalf uur zit mijn bezoek er weer op en is het tijd om afscheid van de dames te nemen. Na mijn belofte om over enige tijd nog eens terug te komen, om te zien of er verbeteringen zijn opgetreden, vlieg ik snel weer terug naar mijn residentie in het bos. Eenmaal thuis realiseer ik me plots dat er in de bio-industrie naast kippen natuurlijk ook nog ander pluimvee gehouden wordt voor de slacht.

Kalkoenen

De kalkoen is waarschijnlijk in de zestiende eeuw door Spaanse soldaten vanuit Amerika meegenomen naar Europa. Deze 'vreemde snuiter' is familie van de pauw, de patrijs, de kwartel en jawel ... de kip. Door middel van allerlei fokprogramma's is de wilde kalkoen omgevormd naar een gedomesticeerd ras dat aan alle eisen van de hedendaagse kieskeurige consument voldoet.

Kalkoenen hebben net zoals uilen uitstekende ogen en kunnen hun kop maar liefst 360 graden draaien. Ook hebben ze een goed gehoor en reukvermogen. Zo kunnen ze bijvoorbeeld bepaalde geluiden tot op 1,6 km afstand perfect lokaliseren. De mannetjes (haantjes) zijn groter en zwaarder dan de vouwtjes (hennetjes). Om indruk te maken op de andere sekse, gebruiken de mannetjes vooral hun verenpracht. Zij kunnen hun staartveren namelijk als een soort waaier uitvouwen, vergelijkbaar met die van een pauw, wat vaak een indrukwekkend beeld oplevert.

Als de haan in kwestie dan ook nog eens is uitgerust met een flinke snood, zijn de dames helemaal niet meer te houden. De snood is een langwerpige lel rood vel die bovenaan de snavel hangt. Hoe langer deze zogenaamde snood is, des te aantrekkelijker de haan is voor de hennetjes. Daarnaast heeft het mannetje ook nog een rood vel dat als een soort lange baard onder zijn kop hangt. Dit wordt de *wattle* genoemd en ook die geeft het mannetje weer extra sexappeal. Kalkoenen kunnen onder normale omstandigheden wel tien tot twaalf jaar oud worden, op de boerderij gaan ze echter na 16-21 weken al naar de slager.

De kalkoenhouderij is in Nederland pas na 1965 enigszins op gang gekomen en kende zijn hoogtepunt in de jaren zeventig van de vorige eeuw, maar is anno 2018 alweer op zijn retour. Zo blijken er in 2020 bijvoorbeeld nog 31 bedrijven in dit land te zijn die gezamenlijk ongeveer een half miljoen kalkoenen houden. Rond 2000 waren dit er maar liefst 121 die gezamenlijk 1,5 miljoen dieren hielden. Het aantal bedrijven neemt dus sterk af, maar degene die overblijven worden in volume wel steeds groter.

De dieren worden in grote schuren, vooral in de provincie Limburg, als zogenaamde scharrelkalkoenen gehouden, soms met een vrije uitloop naar buiten. Net zoals bij de kippen wordt er in de kalkoenhouderij ook onderscheid gemaakt tussen fokkalkoenen en vleeskalkoenen. Tijdens het fokprogramma word er bij de hanen sperma afgetapt om de hennen daarmee kunstmatig te insemineren. Natuurlijke bevruchting is geen optie, omdat de dieren daar door hun enorme overgewicht niet of nauwelijks toe in staat zijn.

Verder hebben dit soort (plof)kalkoenen vaak ook dezelfde gezondheidsissues als de alom bekende plofkip in de bio-industrie. De snelle groei van hun lichaam kan ertoe leiden dat hart, longen en andere organen het allemaal niet meer kunnen bolwerken, waardoor het dier uiteindelijk het loodje legt. Tegen het einde van hun miserabele leven zijn de vogels zo groot en zwaar geworden, dat er in de stal bijna geen ruimte meer over is om normaal te kunnen lopen. Hierdoor kan het zelfs voorkomen dat sommige dieren niet meer bij hun voedsel- of watervoorziening te komen.

Uit pure verveling en frustratie gaan de kaloenen elkaar pikken, waardoor open wonden ontstaan die vervolgens weer kunnen gaan ontsteken, met alle nare gevolgen van dien. Je kan het zelfs als een vorm van kannibalisme beschouwen, waarbij het om een uitval van 20% zou gaan. Waar hebben we dat ook al weer eerder gehoord?

En ja hoor, daar is hij weer, ook de Nederlandse kalkoensector draait voornamelijk om de export. In Nederland staat kalkoen voornamelijk tijdens de kerstdagen op het menu. De rest van het jaar wordt er in Nederland niet veel kalkoen gegeten. In slechts 3% van de totale vleesconsumptie gaat het om kalkoenvlees, wat jaarlijks neerkomt op ongeveer 1,5 kg per hoofd van de bevolking.

In de VS schetsen de cijfers een heel ander beeld. Daar is het traditie is om elk jaar met *Thanksgiving Day* en tijdens de kerst kalkoen te eten. Thanksgiving Day is in de Verenigde Staten een nationale feestdag waarbij de mensen bij elkaar komen om gezamenlijk hun dank uit te spreken voor bijvoorbeeld een goede oogst of andere zaken die het voorbijgaande jaar voorspoedig zijn verlopen. Het aantal dieren dat elk jaar tijdens deze Amerikaanse feestdag het loodje legt, schommelt ergens tussen de vijfenveertig en zesenveertig miljoen.

Eén kalkoen ontspringt echter elk jaar de dans, omdat aan dit dier door de zittende president gratie wordt verleend. Deze kalkoen wordt dus niet opgegeten, maar gaat naar de plaatselijke dierenopvang, waar hij of zij de rest van haar leven in betrekkelijke rust en vrede mag slijten. Sinds eind jaren tachtig, begin negentig, onder oud-president George Bush senior is dit een traditie geworden die alle daaropvolgende zittende presidenten van de Verenigde Staten in ere hebben gehouden. Deze traditie kan eigenlijk gezien worden als een soort pardon of excuus voor alle kalkoenen die er voor die feestdag geslacht worden in de VS.

Er doen ook verhalen de ronde dat medewerkers van bepaalde kalkoenhouderijen in de VS nogal ruw met de dieren omgaan en dan druk ik mij nog erg netjes uit. Dierenvrienden die undercover zijn gegaan binnen zo'n bedrijf schetsen een waar horrorscenario.

Sommige medewerkers schopten de dieren, sloegen ze met ijzeren staven of gebruikte ze als speelbal. Hoewel de beelden allemaal zijn vastgelegd met een verborgen camera, wordt er vrijwel niets aan gedaan. Deze bedrijven zijn echter nog steeds open en het is gewoon weer *business as usual.*

Eenden

Wat veel mensen waarschijnlijk ook niet zullen weten, is dat er in Nederland op vrij grote schaal eenden worden gehouden. De zogenaamde Peking eend die bij veel Chinese restaurants besteld kan worden, komt natuurlijk niet echt uit Peking, maar gewoon uit de provincie Gelderland, waar de meeste eendenfokkerijen van Nederland te vinden zijn. Er zijn in dit land nog zeker vijftig bedrijven die zich dagelijks bezighouden met het fokken van eenden voor consumptie. Al deze bedrijven behoren naar verluidt toe aan een en dezelfde eigenaar.

Door de coronacrisis heeft deze sector het echter bijzonder moeilijk gehad omdat het merendeel van de eenden wordt geleverd aan Aziatische restaurants, maar die waren door de lockdown maanden dicht, of slechts beperkt open voor afhaal. Wat zou het mooi zijn geweest als de gehele eendenindustrie in Nederland was drooggelegd en er gelijk een algeheel verbod op het fokken van deze dieren zou zijn gekomen.

De eenden die in Nederland voor de slacht gehouden worden, leven vaak onder vreselijke omstandigheden in gesloten schuren dicht op elkaar (zeven dieren per vierkante meter). Zo mogen de dieren bijvoorbeeld nooit naar buiten, omdat ze erg kwetsbaar en bevattelijk zijn voor de vogelgriep. Zodoende zien ze dus ook vrijwel nooit daglicht en hebben geen toegang tot zwemwater, wat zeker voor een eend, die zo'n beetje leeft op het water, vreselijk moet zijn.

De vloer in de schuur is bedekt met een dun laagje stro dat meestal sterk vervuild is. De eenden krijgen vaak last van gewrichtsproblemen, omdat hun poten het snel toenemende gewicht van het lichaam niet meer kunnen dragen. Ook hier zien we dus weer hetzelfde patroon als bij de kippen en de kalkoenen wat betreft overgewicht, ziektes en wat al niet meer.

Kortom, deze dieren hebben geen fijn leven. In slechts 6,5 week tijd groeien de eendenkuikens uit tot volgroeide eenden van ruim drie kg en zijn ze klaar voor de slacht. Vervolgens worden ze gevangen en hardhandig in kratten gepropt, die dan weer bovenop elkaar gestapeld worden. Op deze manier kan er een maximaal aantal dieren vervoerd worden naar de eendenslachterij, alwaar het leven van deze guitige dieren tot een abrupt einde komt.

Jaarlijks worden er in Nederland meer dan 8,5 miljoen eenden geslacht. En wederom worden in deze sector verreweg de meeste eenden (90%) geëxporteerd naar het buitenland. Het gaat dan voornamelijk om Chinese restaurants in Europa, het Midden-Oosten en Singapore.

6. NEEF RINUS

Vandaag staat er een bezoek aan neef Rinus op het programma. Rinus woont al jaren in diergaarde Artis. Niet omdat hij het daar nou zo leuk vindt, maar omdat hij er opgesloten zit en niet meer weg kan. Als piepjong oehoekuiken is hij vroeger namelijk uit het nest gevallen. Mark, een van de verzorgers van de dierentuin, maakte destijds een wandeling door het bos in de omgeving van zijn woning en zag het arme dier in hulpeloze toestand op de grond liggen. Hij nam het uilskuiken mee naar huis en voedde het daar eigenhandig met veel liefde en geduld op.

Na verloop van tijd besefte Mark dat hij nog steeds geen naam voor het vondelingetje had en besloot hem daarom maar Rinus te noemen, naar zijn vader die enige jaren daarvoor was overleden. De eerste maanden waren ze onafscheidelijk van elkaar. Maar na verloop van tijd werd Rinus te groot om nog langer in huis te kunnen wonen en daarom nam Mark hem mee naar Artis. Zo kon hij hem toch blijven verzorgen en bleef de innige band die ze hadden opgebouwd intact.

Inmiddels woont Rinus er nu alweer ruim veertig jaar en heeft hij zich met zijn lot verzoend. 'Het is niet anders,' zo liet hij me laatst weten. Hij is inmiddels ook al aardig op leeftijd en wordt goed verzorgd. Het enige wat er ontbreekt, is wat bewegingsvrijheid.

Vooral vroeger toen hij nog in de kracht van zijn leven was, had hij het daar weleens moeilijk mee. Al die jaren in een veel te kleine volière is natuurlijk verre van ideaal, maar nu heeft mijn neef zich met zijn lot verzoend.

'Ik krijg hier op tijd mijn natje en mijn droogje en hoef me verder nergens druk om te maken, dus waarom zou ik klagen? Ik vind het wel goed zo,' hoor ik mijn neef steeds zeggen. Dus ik heb me er ook maar bij neergelegd. Zolang ik hem maar regelmatig kan bezoeken, want daar worden we allebei erg gelukkig van.

Artis in Amsterdam is de oudste dierentuin van Nederland. De diergaarde is in 1838 opgericht met als doel het bevorderen van de kennis der natuurlijke historie. Wat zoiets betekent als het geven van goede voorlichting over allerlei in het wild levende dieren.

In eerste instantie was het park alleen toegankelijk voor de elite, maar later dus ook voor het gewone volk. Dat de dierentuin oud is, blijkt wel uit de afmeting van de dierenverblijven. Deze zijn in de meeste gevallen ronduit klein te noemen. En alhoewel er de laatste jaren enigszins is uitgebreid, blijft het qua ruimte toch nog steeds erg behelpen allemaal.

De dieren in Artis en andere dierenparken op de wereld zitten daar nooit uit vrije wil. Een wild dier hoort in de natuur thuis en niet, louter en alleen omwille van de mens, zijn hele leven opgesloten achter tralies in een veel te kleine kooi. Veel directeuren en eigenaren van dierenparken zeggen dat hun park een educatieve functie in de maatschappij vervult. Ook beweert men bij hoog en laag dat ze met hun fokprogramma's vele bedreigde diersoorten van de ondergang zouden redden.

Allemaal klinkklare lariekoek natuurlijk en dat weten ze zelf ook heus wel, maar ze moeten toch op de een of andere manier hun handel verkopen aan het grote publiek. Er moet immers geld in het laatje komen. Het onderhoud van alle dieren in een park als Artis kost toch al snel tussen de 25.000 en 50.000 euro per dag.

Wat weinig mensen echter weten, is dat Artis van de gemeente Amsterdam jaarlijks ook nog eens miljoenen euro's aan subsidie ontvangt. In het jaar 2019 ging dat bijvoorbeeld om een bedrag van ruim vier miljoen euro. Daarnaast harken sommige dierenparken nog eens een flink geldbedrag binnen via allerlei sponsoren en donateurs.

Met name de bewering dat bepaalde fokprogramma's diersoorten tegen uitsterven zouden behoeden, is nogal weerzinwekkend te noemen. Want wie vormt hier nou de grootste bedreiging voor dieren als de tijger, de olifant, de orang-oetan en de vele andere bedreigde soorten? Daarop is eigenlijk maar één antwoord mogelijk: de mens.

De mens fokt dus bepaalde bedreigde diersoorten om ze op die manier tegen zichzelf (de mens) te beschermen. Het moet toch allemaal niet veel gekker worden. Eigenlijk is er maar een enkele reden te noemen waarom de mens bepaalde diersoorten fokt, en dat is wederom puur uit winstbejag.

Er zijn wereldwijd meer dan 10.000 dierentuinen waar miljoenen dieren opgesloten zitten om de mensen te vermaken en te onderwijzen. Dit laatste kan tegenwoordig trouwens ook op een veel humanere manier, zonder dat je daar dieren voor hoeft op te sluiten. De mens is namelijk al zo vergevorderd met de moderne techniek dat er op dat gebied werkelijk van alles mogelijk is.

Dus als men mensen wil onderrichten, is het onnodig dieren gevangen te houden; een goede natuurdocumentaire bekijken is bijvoorbeeld een veel beter alternatief. Bijkomend voordeel daarbij is dat men de dieren dan in hun natuurlijke habitat kan zien, in plaats van gefrustreerd en gestrest in een kooi.

Een ander argument dat mensen graag aandragen om dieren in kooien te houden, is wetenschappelijk onderzoek. Ik vraag me regelmatig af waarom de mensen altijd van alles over ons willen weten. Laat ons gewoon met rust. Wij doppen onze eigen boontjes heus wel. Miljoenen jaren leven er al dieren op de aarde zonder noemenswaardige problemen.

Oké, dat is misschien niet helemaal waar, maar als er zich in het verleden een natuurramp voltrok, herstelde de natuur zichzelf altijd wel weer. Sinds de mens echter ten tonele is verschenen, zijn er juist allerlei problemen in het dierenrijk ontstaan die nauwelijks nog te herstellen zijn.

Mijn bezoek aan Rinus is dit keer onaangekondigd, ik wil hem namelijk verrassen. We hebben elkaar al een tijdje niet meer gezien, dus ik ben zeer benieuwd hoe het nu met hem gaat. Ik kijk er in ieder geval erg naar uit om hem weer eens te ontmoeten na zo'n lange tijd.

Gelukkig is dat wederzijds, als ik bij het verblijf van Rinus aankom, is de ontvangst meer dan hartelijk. Een omhelzing zit er helaas niet in, simpelweg omdat ik niet in zijn kooi kan komen en hij er niet uit kan, maar we zijn allebei verheugd elkaar weer eens te zien. Gezien de hoge leeftijd van mijn neef (43 jaar) is zijn gezichtsvermogen wat achteruit gegaan, maar voor de rest is het nog steeds een krasse ouwe knar.

Zijn oren zijn nog uitstekend, wat hem in deze omgeving soms erg goed van pas komt. De dieren zitten hier toch vrij dicht op elkaar en dan hoor je natuurlijk nog weleens wat. Het verblijf van neef Rinus is helaas wat sober en klein, maar daar is hij inmiddels aan gewend en heeft er vrede mee.

Omdat hij hier al zo lang woont, kent hij natuurlijk veel lotgenoten die hier ook al jaren zitten. Rinus vertelt me dat veel dieren hier zijn geboren en niet beter weten dan dat dit hun thuis is. Anderen zijn hier weer via een uitwisselingsprogramma tussen verschillende dierentuinen beland en zo heeft een ieder zijn eigen verhaal.

'Geen van de dieren die hier zitten, hebben ooit een misdaad gepleegd, ze hebben ook nooit iemand iets misdaan en er al helemaal nooit zelf voor gekozen om achter tralies te leven. Toch zijn ze veroordeeld tot levenslange opsluiting. Beroofd van hun vrijheid, als ze die überhaupt ooit al hebben gehad. Als je dit eens goed tot je door laat dringen, en ik heb daar natuurlijk alle tijd voor, is het eigenlijk een heel triest gebeuren allemaal toch, Gardolf?' stelt Rinus. Ik kan daar eigenlijk alleen maar bevestigend op antwoorden.

Terwijl we aan het praten zijn, worden we regelmatig getrakteerd op complete tropische zangkoren om ons heen. Allerlei exoten zoals flamingo's, papagaaien en andere nieuwsgierigen mengen zich in ons gesprek. Elk dier heeft zo zijn of haar eigen kijk op de situatie. Rinus is vandaag aardig op dreef en lijkt helemaal los te gaan als ik hem vraag of hij nog wat meer wil vertellen over het leven hier in de dierentuin.

'Natuurlijk, Gardolf, dat wil ik zeker. De meeste bewoners zitten hier dus al zo'n beetje hun hele leven. Sommigen zijn hier geboren, anderen zijn op latere leeftijd hier terechtgekomen. Feit is dat we allemaal van onze vrijheid zijn beroofd. Oké, we worden goed verzorgd. We hoeven niet zelf achter ons (avond)maaltje aan, dat wordt je hier dagelijks hapklaar aangereikt. Maar verder is het hier echt verre van ideaal.

We zitten voor de rest van ons leven in een kooi met tralies ervoor en waarom, Gardolf? Waarom? Wat hebben we in hemelsnaam misdaan? Dit verdienen we niet, niemand. Luister nou eens goed, Gardolf, dagelijks trekken hier drommen mensen voorbij. Die betalen vervolgens allemaal een klein vermogen om ons hier te mogen zien wegkwijnen. Ik snap er werkelijk helemaal niets van, neef.

Als we onze vrijheid weer terug zouden krijgen, kunnen ze ons toch ook zien, maar dan in ons element. Dan kunnen ze alle dieren weer in hun natuurlijke omgeving zien. Dan zijn we op ons best, dan zijn we happy, daar waar we thuishoren, in de natuur. En dat is dus niet in een kooi. We horen niet te worden opgesloten, zodat mensen naar ons kunnen kijken en ons zogenaamd beschermen.

Wij kunnen heel goed voor onszelf zorgen, dat hebben we al eeuwenlang bewezen. Waarom dan altijd die betutteling? Uiteindelijk draait het toch allemaal weer om geld, hè? Altijd weer dat rotgeld. Er wordt over onze rug veel geld verdiend door de mensen, maar naar ons wordt niet geluisterd. Of we het nou leuk vinden of niet, we zullen hier tot aan onze dood toe opgesloten blijven zitten, vrees ik.

Daar komt dan ook nog eens bij dat dit de oudste dierentuin van Nederland is. Dit impliceert dat de meeste dierenverblijven die je hier ziet veel te klein zijn. Ten tijde van de opening van het park in 1838 waren de verblijven nog revolutionair te noemen. In deze moderne tijd zijn de eisen op het gebied van dierenwelzijn echter flink aangescherpt en voldoet de oude huisvesting allang niet meer. Hetzelfde geldt eigenlijk ook voor andere sectoren waar dieren, tegen hun wil, in hokken en kooien opgesloten zitten.

Gardolf, wanneer gaan de mensen nou eens inzien dat wat ze ons allemaal aandoen niet goed is? Hoe kunnen we in hemelsnaam tot ze doordringen en duidelijk maken dat het anders moet? En ja, het moet echt anders. Op deze voet kan het echt niet langer doorgaan.

In de dierentuin van Antwerpen vond een tijdje geleden een nogal bizar voorval plaats dat deze hele situatie nog veel belachelijker maakt dan dat die al is. Een vrouw die wekelijks het dierenpark bezocht, kreeg op een gegeven moment een speciale band met een chimpansee. De liefde bleek wederzijds, wat prima is zou je zeggen, maar daar dachten de verzorgers van de aap toch heel anders over.

De vrouw werd de toegang tot het park ontzegd omdat de aap door de bijzondere relatie met de vrouw onvoldoende of geen aansluiting meer kon vinden bij zijn eigen soortgenoten en dat was natuurlijk niet de bedoeling. De vrouw was totaal overstuur in intens verdrietig dat zij haar maatje niet meer mocht zien en ook de chimpansee was *not amused*. Hoe gek wil je het hebben, Gardolf, de mensen sluiten dieren speciaal op zodat ze ernaar kunnen kijken, maar als iemand dan iets te veel belangstelling toont, mag diegene ineens niet meer komen. Snap jij het nog?

Toen de coronapandemie uitbrak in 2019, sloeg het virus bij zowel mens als dier keihard om zich heen. Hier in Artis zijn de gevolgen van deze pandemie ook goed te merken,' zegt Rinus.

'Maandenlang bleven de hekken van het park voor publiek gesloten om verspreiding van het dodelijke virus tegen te gaan. Net zoals veel andere dierenparken in Nederland kwam ook Artis door de coronacrisis in financieel zwaar weer terecht. Dit heeft er uiteindelijk mede toe geleid dat het dierenpark heeft overwogen om de drie leeuwen die het in bezit heeft, te verplaatsen naar een ander park waar de dieren meer ruimte hebben dan in hun huidige verblijf.

Deze drie grote katten zitten al jaren in een veel te kleine behuizing. Plannen voor een nieuw verblijf waren al in een vergevorderd stadium, helaas bracht COVID-19 daar dus verandering in. Maar ook al zouden ze meer ruimte krijgen, dan is die nog steeds verre van ideaal voor deze majestueuze dieren. Een groter verblijf is uiteraard altijd beter dan een klein hok, maar ze horen per definitie gewoon in de vrije natuur thuis en niet levenslang achter tralies.

De twee nog overgebleven leeuwinnen in Artis (het mannetje is inmiddels overleden) zouden eigenlijk naar een dierenpark in het zuiden van Frankrijk verhuizen, maar op het allerlaatste moment heeft de directeur van het betreffende park het hele project abrupt afgeblazen. Na een flinke anonieme gift aan Artis is er vervolgens besloten de bouwplannen voor het nieuwe leeuwenverblijf toch door te laten gaan.

Gardolf, ik heb ook gehoord dat er in andere dierenparken in de wereld eveneens talloze dieren eenzaam wegkwijnen in veel te kleine kooien. Soms blijkt dit te komen doordat er simpelweg geen geld is voor grotere en betere verblijven, maar meestal heeft het vooral met gebrek aan interesse, inlevingsgevoel en misschien ook nog wel met een stukje ondeskundigheid van de mensen te maken.

Een triest voorbeeld hiervan is de olifant Kaavan, die vijfendertig jaar lang in een Pakistaanse dierentuin stond te verpieteren. De laatste jaren was hij moederziel alleen omdat zijn partner acht jaar eerder was overleden. Regelmatig zat hij tot wel vijftien uur per dag aan de ketting. Hij had nauwelijks beschutting tegen de felle zon en de extreem hoge temperaturen.

Tot overmaat van ramp kampte hij ook nog eens met meerdere medische issues, waaronder overgewicht door jarenlang eenzijdig voedsel. De dierentuin in Islamabad verkeerde mede vanwege de coronacrisis in zwaar financieel weer en zo is Kaavan in beeld gekomen bij het grote publiek. Omdat hij al ruim acht jaar lang alleen was, werd hij ook wel de eenzaamste olifant ter wereld genoemd.

Toen op een gegeven moment de Amerikaanse zangeres Cher zich het lot van Kaavan aantrok, ging het ineens allemaal erg snel. Kaavan werd wereldnieuws. Er werd een ruimer onderkomen voor het dier gezocht en ook gevonden. Niet veel later vloog Kaavan per vrachtvliegtuig naar Cambodja, alwaar hij nu samen met soortgenoten verblijft in het opvangcentrum *Cambodja Wildlife Sanctuary*.

Hier heeft hij de beschikking over een oppervlakte van tientallen voetbalvelden groot. Een enorme verbetering ten opzichte van zijn oude verblijf in de Pakistaanse horror-dierentuin die overigens enige tijd na de reddingsoperatie van Kaavan voorgoed de deuren heeft gesloten.

En weet je, Gardolf, nu we het toch over olifanten hebben, ook in Thailand worden deze vriendelijke reuzen nog regelmatig ingezet ten behoeve van de toeristenindustrie. Bezoekers kunnen in dit Aziatische land nog steeds, tegen een relatief laag bedrag, ritjes op de rug van een olifant maken. Om de olifant te laten gehoorzamen, wordt het dier al op jonge leeftijd bij zijn moeder weggehaald en op een zeer hardhandige manier getraind.

Tijdens deze trainingen wordt de wil van het jonge olifantje gebroken, zodat hij vanaf dat moment alleen nog maar naar zijn trainer zal luisteren. In het noorden van Thailand is het zelfs mogelijk een show bij te wonen van voetballende olifanten of een olifant die met zijn slurf en een penseel een afbeelding op een canvas doek schildert. Ook kun je zomaar ergens langs de weg een olifant met zijn begeleider tegenkomen die je dan na betaling wat bananen mag voeren.

Er zijn in Thailand verschillende faciliteiten die olifanten opvangen, maar ook deze zijn in grote mate afhankelijk van de inkomsten uit het toerisme, dus dat is wederom geen geweldige situatie. Het meest ideale scenario,' oppert Rinus, 'zou volgens mij zijn om de olifanten onder te brengen in enkele grote wildreservaten, waar ze ongestoord kunnen leven.'

Gelukkig zijn er nog genoeg mensen die zich het lot van deze en andere dieren aantrekken. Verschillende dierenwelzijnsorganisaties doen al jarenlang hun stinkende best om dieren die in dit soort nijpende situaties terechtkomen te helpen. In veel gevallen worden de dieren opgevangen in een opvangcentrum en nadat ze daar zijn hersteld van hun lichamelijke en of psychische verwondingen, weer uitgezet in de vrije natuur. Soms is dat echter niet meer mogelijk en zullen ze de rest van hun leven in de opvang moeten blijven.

Dit soort internationale organisaties, waarvan er gelukkig steeds meer komen, gaan vaak tot het uiterste om dieren in nood te bevrijden en hen een veilig onderkomen te bieden. Zij worden echter niet gesubsidieerd door overheden en draaien daarom hoofdzakelijk op giften van mensen die dieren een warm hart toedragen. Deze organisaties werken vrijwel uitsluitend met vrijwilligers, zodat men al het geld wat binnenkomt aan de dieren kan besteden.

Elke club heeft zo zijn eigen vakgebied waarin men is gespecialiseerd, maar ik zie tot mijn grote vreugde steeds vaker mooie samenwerkingsverbanden ontstaan, waardoor er direct ook veel meer mogelijk blijkt te zijn. Begin 2021 zijn er bijvoorbeeld tijdens een bevrijdingsactie van verschillende dierenwelzijnsorganisaties maar liefst 101 beren uit een Zuid-Chinese galberenboerderij bevrijd.

Een enorm succes voor de beren en mogelijk de genadeklap voor de gehele galindustrie. Kortom, deze mensen trekken zich het lot van de dieren erg aan en zijn gaarne bereid hun nek daarvoor uit te steken en dat wordt door de slachtoffers en hun soortgenoten zeer gewaardeerd, kan ik u vertellen.

'Maar om weer terug te komen op waar we gebleven waren,' gaat Rinus verder, 'de laatste jaren zien we een nieuw soort hype ontstaan. Je ziet het hier in Artis ook veel gebeuren. Bijna alle mensen hebben tegenwoordig wel een smartphone met camera. Dus wat krijg je dan, juist ja, ze willen ineens allemaal op de foto met een van ons.

En dat is toch wel een dingetje, Gardolf. Zo hebben we nauwelijks nog enige privacy vandaag de dag,' vervolgt Rinus, 'en dat vinden de meeste dieren die hier zitten niet fijn, kan ik je wel vertellen. Ook zij stellen het van tijd tot tijd erg op prijs om met rust gelaten te worden, zelfs hier in de dierentuin of misschien wel juist hier in de dierentuin.

Er trekken dagelijks hele kuddes mensen langs de verblijven en als die dan ook nog eens allemaal foto's van ons gaan maken, is het einde zoek. We hebben het al niet makkelijk hier, dus een klein beetje privacy is toch niet te veel gevraagd, dacht ik zo. In het buitenland maken ze het op dit gebied vaak nog bonter, heb ik laatst gehoord.'

In een aantal vakantielanden worden de mensen nog regelmatig verleid om een selfie te maken met een bepaald exotisch dier op de achtergrond. Uiteraard geschiedt dit alleen weer tegen een flinke financiële vergoeding, maar daar kun je dan wel mee thuiskomen, of eigenlijk juist niet. De mensen realiseren zich namelijk vaak niet wat voor ellende hierachter allemaal schuilgaat. De slachtoffers van deze relatief nieuwe vorm van dierenmishandeling zijn met name leeuwen, tijgers, luiaards, slangen, dolfijnen, olifanten, kamelen, apen en de slow loris.

Om de dieren enigszins rustig te houden, wordt niet zelden drugs ingezet. Ook worden er soms speciale ingrepen verricht zodat de dieren ongevaarlijk zijn voor de mensen waarmee ze op de foto gaan. Dus ik zou graag nog eens van de gelegenheid gebruik willen maken om de mensen te waarschuwen.

Mocht u in de nabije toekomst naar verre exotische oorden afreizen, denk dan eerst even goed na voordat u een selfie maakt met zo'n schattig aapje, of een ritje op een olifant. Kortom, dieren worden ook in de toeristenindustrie op verschillende manieren door de mens uitgebuit met maar een enkel doel voor ogen en dat is zoveel mogelijk geld binnenharken.

Rinus schudt vol onbegrip zijn hoofd. 'Stel je nou eens voor hè, Gardolf, dat we de rollen zouden omdraaien? Dat de dieren mensen gaan houden voor hun vermaak en mensen gaan fokken om als voedsel te dienen. Dat zou de mensheid ook niet leuk vinden. Stel dat de grote katachtigen als tijdverdrijf op mensen gingen jagen, puur en alleen voor de kick van het doden.

Stel je voor dat grote groepen hyena's jonge vrouwen opsluiten, hun melk stelen en hun baby's opaten. Dat apen mensen zouden misbruiken om allerlei nare experimenten mee te doen. Dat klinkt allemaal heel bizar en dat is het natuurlijk ook. Maar omgekeerd gebeuren dit soort dingen op dagelijkse basis, alsof het de normaalste zaak van de wereld is, en dat al vele tientallen jaren, wat zeg ik, vele honderden jaren lang.'

Ik knik en merk dat het Rinus heel hoog zit.

'De mens denkt regelmatig dat hij voor God kan spelen en te pas en te onpas over al het leven op deze planeet mag beslissen. Maar dat is naar mijn mening toch echt een misvatting, Gardolf.'

Rinus kijkt me indringend aan. 'Veel mensen zien dieren kennelijk nog steeds niet als volwaardige wezens met een ziel. Maar wij hebben ook gevoelens en emoties. Wij voelen ook pijn als we geslagen, geschopt of gebeten worden. Wij vinden het ook niet leuk om jarenlang opgesloten te zitten in een kooi ter vermaak van anderen. Wij hebben net zo goed het recht om in vrijheid ons leven te leiden zoals ieder ander dat heeft. Wanneer dringt dat nou toch eens tot de mensheid door?'

Rinus vervolgt zijn betoog. 'Gelukkig is mijn gehoor nog erg goed, Gardolf. Daardoor pik ik zo nu en dan nog weleens wat op hier in de dierentuin. Op die manier is mij onder andere het trieste verhaal van de zwarte panter Boja ter ore gekomen. De moeder van Boja is ooit, tijdens een jachtpartij in de wildernis van Zuid-Amerika doodgeschoten door trofeejagers.

Zij hebben vervolgens het jonge welpje meegenomen en voor veel geld verkocht op een illegale markt aan een beruchte dierenhandelaar uit Brazilië. Deze man heeft Boja jarenlang in een veel te kleine kooi opgesloten en nauwelijks naar haar omgekeken. Na veel omzwervingen is ze uiteindelijk in Artis terechtgekomen en heeft hier de laatste dertien jaar van haar leven doorgebracht.

Oké, vergeleken met haar situatie bij de Zuid-Amerikaanse dierenhandelaar had ze hier wel wat meer ruimte en de verzorging was natuurlijk ook vele malen beter, maar dieren horen nou eenmaal niet in kooien te worden opgesloten. Ik bedoel, Boja zou natuurlijk toch het beste af zijn geweest als er helemaal geen jacht op haar en haar moeder zou zijn gemaakt.

Als ze gewoon met rust zouden zijn gelaten, dan had ze in haar natuurlijke omgeving op kunnen groeien te midden van haar familie en soortgenoten. Zonder stress, zonder angst, in volledige harmonie met de natuur. Helaas treft veel dieren in het park hetzelfde lot. Sommige worden hier geboren en zitten de rest van hun leven opgesloten in hun verblijven.'

Andere dieren zoals Boja komen van elders en hebben vaak al een hele traumatische geschiedenis achter zich. Hier in de dierentuin is het moeilijk, zo niet onmogelijk, om trauma's en zware psychische klachten goed te kunnen verwerken. Meestal gaat het van kwaad tot erger en zijn de meeste dieren niet meer in staat om ooit nog in vrijheid voor zichzelf te zorgen, als die mogelijkheid zich überhaupt ooit al zou voordoen.

Aan de andere kant vraag ik mij serieus af waarom je een dier dat jarenlang in gevangenschap heeft geleefd, niet meer terug in de vrije natuur uit zou kunnen zetten. Oké, de ene soort past zich natuurlijk gemakkelijker aan dan de andere.

Neem nou de kat. Ook al worden bijna alle katten tegenwoordig in gevangenschap geboren, als ze van huis weglopen redden ze zich over het algemeen toch heel aardig. Hun jachtinstinct neemt het op zo'n moment namelijk gewoon over. Hetzelfde geldt dus ook voor veel andere diersoorten. In het begin zal het misschien even wennen zijn, maar dat duurt naar mijn inzien nooit lang. Bij honden ligt dat natuurlijk weer heel anders. Die zijn zo gedomesticeerd dat ze volledig van de mens afhankelijk zijn geworden en zich niet meer zelfstandig kunnen redden.

Zolang een dier gezond is en fysiek in goede conditie verkeert, zie ik eigenlijk niet in waarom bepaalde soorten niet terug in hun natuurlijke habitat geplaatst kunnen worden. Dieren horen nou eenmaal niet achter tralies te zitten. Mijn bloedeigen neef Rinus zit natuurlijk ook al jaren lang achter slot en grendel, maar daar heeft hij zich inmiddels 'schoorvoetend' bij neergelegd. Zoals u weet, is mijn neef al op leeftijd en voelt mede daarom niet meer de behoefte nu nog voor zichzelf te moeten zorgen. Anders gezegd, hij heeft er gewoon geen zin meer in. Hier in het park krijgt hij op tijd zijn natje en droogje en daar voelt hij zich wel senang bij.

Ik heb erg te doen met mijn neef. Het doet mij pijn om Rinus zo te zien lijden. De verhalen die ik van hem hoor, grijpen mij zeer aan. En ook hier is het helaas zo dat ik er bitter weinig aan kan veranderen, hoe graag ik het ook zou willen. Het enige wat ik kan doen, is een luisterend oor bieden en alle gruwelverhalen van de slachtoffers doorvertellen aan de mensen, in de hoop dat zij het snel zullen oppakken en er wat mee gaan doen, zodat er ook daadwerkelijk iets zal veranderen.

De nood bij veel dieren is echter hoog, erg hoog. Het water staat hen al jarenlang aan de lippen, maar het lijkt wel of niemand dat wil zien. Er is nauwelijks iets veranderd en als er al dingen verbeteren, gaat dat meestal tergend langzaam. Waarschijnlijk zelfs veel te langzaam om een totale catastrofe nog af te kunnen wenden.

Als de mensheid niet heel snel zal inzien dat ze verkeerd bezig is en men daar dan ook niet naar handelt, zullen er binnen zo'n vijfenzeventig jaar een groot aantal diersoorten uitgestorven zijn. Het is nog niet te laat, maar men moet nu wel heel snel iets aan de situatie gaan doen.

Plots bemerk ik dat Rinus onrustig van de ene naar de andere kant van zijn tak hupt. Het is bijna voedertijd. Ja, dat was ik helemaal vergeten. We zitten ook al zo'n tijd te kletsen dat we allebei niet op de tijd hebben gelet. Over enkele minuten komen de verzorgers langs met een smakelijk hapje voor mijn neef en dan moet je hem niet meer storen. Dus de hoogste tijd om afscheid te nemen. Ik ben erg blij Rinus weer even gesproken te hebben en dat is wat hem betreft volkomen wederzijds. Ik weet niet wanneer we elkaar weer zullen treffen, maar gezien zijn broze gezondheid van dit moment zou ik dat zeker niet al te lang meer moeten uitstellen.

7

RALF DE ALBATROS EN SJARK DE HAAI

Ralf de albatros is al jaren een goede vriend van me. We ontmoeten elkaar regelmatig aan de rand van het duin en hebben dan lange gesprekken. Vandaag heb ik weer met hem afgesproken op een hoge duintop, niet ver van onze oude stek. Vanaf hier hebben we een magistraal uitzicht over zee.

Ralf maakt zich steeds meer zorgen over de huidige staat van onze oceanen. Tijdens eerdere ontmoetingen zat het hem al erg hoog en ook nu steekt hij weer direct van wal. 'Gardolf, je zult me misschien wel weer een ouwe zeur vinden, maar er moet me toch echt iets van het hart. Ik zie dat het al een tijd lang niet goed gaat met de oceanen. Ik merk het aan alles. Zo wordt het bijvoorbeeld steeds moeilijker voor ons om nog een smakelijk visje boven water te halen.

Ook bemerk ik tot mijn grote schrik dat er steeds meer rotzooi in het water ronddrijft, en dat is in ieder geval niet van ons. Met name al het plastic dat in zee drijft, vormt een groot probleem. Het lijkt af en toe wel wat op een grote pan plastic soep.

Maar dat is niet het enige waar ik mij zorgen over maak, er is namelijk nog een ander, veel groter probleem. De mensen slepen enorme nylon netten achter hun vissersboten over de bodem van de oceaan, om maar zoveel mogelijk vis binnen te halen. Regelmatig blijven er dan delen van zo'n net achter rotsblokken haken en vormen zo een groot gevaar voor talloze vissen. Veel zeedieren raken hierin verstrikt en sterven op die manier een vreselijke dood.

Hun doodsstrijd kan soms wel dagen duren. Waar een enkeling zich nog weet te bevrijden, verliezen verreweg de meeste slachtoffers de strijd door honger en uitputting. Bijna de helft van al het plastic in de oceanen komt namelijk van de visindustrie.' Ralf is nu zichtbaar aangeslagen.

'Dit is echter slechts een deel van de teloorgang der oceanen, Gardolf,' gaat hij verder. 'De mensen zijn bezig om, met een soort drijvende visfabrieken, in no time alle oceanen leeg te scheppen. Een groot deel van de tragedie zit hem onder andere ook in de bijvangst. Gemiddeld is een kleine vijfentwintig procent van elke vangst bijvangst.

Dat betekent dus dat een kwart van elk net wat binnengehaald wordt uit bijvangst bestaat. Onder bijvangst rekent men ondermaatse vis, haaien, zeeschildpadden, dolfijnen, bruinvissen, ongewervelde zeedieren zoals zeekrabben, zeesterren, slangsterren en zeeklitten en tenslotte allerlei vissoorten die onverkoopbaar zijn. Negentig procent van alle bijvangst die weer teruggegooid wordt in zee, overleeft dit helaas niet.

Een ander schokkend feit is dat de visserij met hun (sleep)netten in de oceanen een oppervlakte van maar liefst 4.316 voetbalvelden per minuut vernietigen. Onvoorstelbaar, het is allemaal verschrikkelijk. Vroeger hè, Gardolf, vroeger zat de oceaan vol met vis. Bij elke duikvlucht was het raak. Toen kon ik nog meer dan genoeg vis vangen. Vandaag de dag is dat een heel ander verhaal en moet ik echt alle zeilen bijzetten om mijn dagelijkse quotum te halen. Soms vang ik dagenlang zelfs helemaal niets.

Het wordt tegenwoordig steeds moeilijker voor zeevogels om op zee te overleven. Je ziet dan ook al een tijdje dat met name zeemeeuwen steeds vaker naar de grote steden trekken waar de mensen wonen. Simpel en alleen omdat hier meer voedsel te halen valt. De meeuwen zijn er inmiddels zo talrijk, dat het mensen nu zelfs wordt verboden ze nog te voeren.

Met een vleugelspanwijdte van ruim drie meter zijn wij reuzenalbatrossen in staat om grotere afstanden boven zee af te leggen, waardoor het voor ons nog enigszins de moeite waard is om op vis te blijven jagen, maar het wordt er allemaal niet veel beter op, Gardolf.' Ralf tuurt minutenlang met een lege blik vanaf het duin naar de zee.

'Verreweg de meeste tijd van het jaar brengen wij zwevend boven de zee door. Ja, zelfs slapen doen we vliegend. Natuurlijk slapen we niet de hele nacht, maar doen we ultra korte dutjes met een oog dicht en het andere open. De ene helft van ons bewustzijn is op dat moment in ruste, terwijl de andere helft gewoon blijft functioneren. Bij het volgende dutje is de andere kant van het bewustzijn in ruste, op die manier kunnen we gewoon blijven vliegen, terwijl we toch een beetje slapen.

Slechts eenmaal per jaar komen we aan land en dat is om te paren en onze jongen groot te brengen. Als die taak eenmaal is volbracht, gaan we de zee weer op, alwaar we in ons element zijn. De jonge vogels zwerven na het verlaten van het nest uit over de oceanen, om pas vijf jaar later weer naar dezelfde plek terug te keren. Daar zoeken ze vervolgens een partner waarmee ze hun broedsel grootbrengen, en zo is de cirkel rond.

Wij reuzenalbatrossen zijn monogaam, wat betekent dat als wij eenmaal een geschikte partner gevonden hebben, we in voor- en tegenspoed de rest van ons leven bij elkaar zullen blijven.'

Ralf hupt nerveus wat heen en weer, staart een ogenblik voor zich uit en gaat dan weer verder met zijn beklag.

'Gardolf, het lijkt wel of de mensen alles voor zichzelf willen hebben. Ze houden niet of nauwelijks rekening met de dieren om hen heen. Als ze op dezelfde voet door blijven gaan, dan zijn binnen vijftig jaar alle oceanen op deze planeet compleet leeggevist.'

Wat Ralf beweert, is nogal wat. Ik moet dit even rustig tot mij door laten dringen. Binnen vijftig jaar. Ja, dat klinkt misschien alsof we nog wel even de tijd hebben, maar dat is natuurlijk niet zo. Als dat rampscenario ooit bewaarheid zou worden, heeft de mensheid het toch maar mooi voor elkaar gekregen om in een tijdsbestek van zo'n honderdvijftig jaar tijd alle oceanen leeg te vissen. Een enorme prestatie, mag ik wel zeggen.

Sjark de haai

'Neem nou Sjark de haai,' vervolgt Ralf. 'Klaagt ook al jarenlang steen en been over het feit dat er zoveel van zijn soortgenoten op de meest verschrikkelijke manieren aan hun einde komen. Ik ken hem al een aardig tijdje. Hij leeft in de wat warmere delen van de oceaan hier ver vandaan, maar zo heel af en toe kruisen onze wegen elkaar. Sjark is een tijgerhaai, hij wordt zo genoemd omdat hij een soort van tijgerpatroon aan de zijkant van zijn lichaam heeft.

Zijn menu bestaat vooral uit vis, maar ook een zeehond gaat er zo af en toe wel in. Tijgerhaaien zijn echte rovers, hun lichaam is zodanig gestroomlijnd dat ze zich razendsnel door het water kunnen voortbewegen. Ze leggen soms afstanden af van wel duizenden kilometers per jaar, op zoek naar voedsel, maar ook om een geschikte partner voor een amoureus avontuurtje te vinden. Helaas wordt ook het leven van Sjark en zijn kornuiten ernstig bedreigd door de mensheid.' Ralf zwijgt even.

'Toen we elkaar een tijdje geleden opnieuw tegenkwamen, vertelde Sjark me dat de vinnen van haaien zeer geliefd zijn bij een groot deel van de Chinese bevolking om er haaienvinnensoep van te maken. Dit zou volgens hen een genezende werking op het menselijk lichaam hebben. Alleen al hiervoor worden er naar schatting jaarlijks zo'n honderd miljoen haaien gevangen, ontdaan van hun vinnen en vaak weer levend teruggegooid in zee, waar ze vervolgens aan hun lot worden overgelaten.

De haaien kunnen dan dus niet meer zwemmen, waardoor ze op een vreselijke manier aan hun einde komen. "Er staat min of meer een prijs op ons hoofd, zo zie ik het een beetje," vertelde Sjark. "Want we moeten het in verreweg de meeste gevallen met de dood bekopen. Als dit nog een tijdje zo door blijft gaan, zullen veel haaiensoorten uiteindelijk uitsterven. Het is vervolgens onvermijdelijk dat dit tevens grote gevolgen voor het gehele ecosysteem in de oceaan zal hebben, omdat elke diersoort daarin zijn eigen bijdrage levert."

Sjark vertelde ook dat veel van zijn vrienden omgekomen zijn door toedoen van de mens. Elk jaar gaat hij namelijk met een grote groep familie en vrienden naar een verderop gelegen stuk oceaan om op tonijn te jagen, maar de laatste paar jaren is dit gezelschap almaar kleiner geworden en de enigen die daar verantwoordelijk voor kunnen worden gehouden, zijn de mensen.

Doordat ook het aantal tonijnen waarop de tijgerhaaien jagen sterk is afgenomen, komt de gehele haaienpopulatie steeds verder in het nauw. Volgens Sjark wordt het steeds moeilijker om voedsel te vinden, waardoor de tijgerhaaien steeds grotere afstanden moeten afleggen.

Hetzelfde geldt dus ook voor de tonijnen, want ook zij vangen steeds minder prooi. En dat allemaal omdat de mens met zijn drijvende visfabrieken in rap tempo de wereldzeeën aan het leegscheppen is.

"Dit moet stoppen, Ralf," zei een steeds emotioneler wordende Sjark tegen mij. "Dit moet echt heel snel stoppen, anders gaan we er allemaal aan, zo simpel is het gewoon. We houden dit niet zo heel lang meer vol. Wij haaien stammen nota bene uit de prehistorie. Onze voorouders zwommen hier al miljoenen jaren geleden rond. Het zal toch niet zo zijn dat de mensheid ons dan even in nog geen twee eeuwen tijd volledig uitroeit. Dat kan en mag gewoon niet gebeuren.

Maar even tussendoor ... Er bestaat een haaiensoort die heel erg oud wordt. De Groenlandse haai kan namelijk een leeftijd bereiken van vierhonderd jaar en is daarmee het oudste gewervelde dier op aarde. De Groenlandse walvis kan tweehonderd jaar oud worden en is daarmee het oudste zoogdier op aarde.

En zo zijn er nog meer zeedieren die een exceptioneel hoge leeftijd kunnen bereiken. Recent is er nog een Noordklompmossel gevonden voor de kust van IJsland van 410 jaar oud en een zeespons kan zelfs een leeftijd van 1.550 jaar bereiken, maar dit terzijde.

De mythe dat haaien gevaarlijk zouden zijn voor de mens berust min of meer op fabels. Per jaar worden er wereldwijd namelijk ongeveer twintig mensen aangevallen en gedood door haaien, terwijl zij zelf (de mens) in een jaar tijd ruim honderd miljoen haaien doden. Dus wie is er nou gevaarlijker, de mens of de haai?

Haaien hebben namelijk helemaal geen hekel aan mensen. Alleen als we ons bedreigd voelen, vallen we aan om onszelf te verdedigen, dat lijkt me logisch. Soms kan het gebeuren dat we ons vergissen in de prooi. Dan denken we een zeehond te pakken te hebben, maar blijkt het iemand op een surfplank te zijn. Nou sorry hoor, maar ook wij kunnen er natuurlijk weleens een keer naast zitten, wij zijn ook maar haaien."

Sjark smeekte me op een gegeven moment bijna om de tragedie van de haaien aan de verantwoordelijken over te brengen. Volgens hem is het twee voor twaalf en moet er nu echt heel snel iets veranderen om deze rampspoed nog te kunnen stoppen. Mensen moeten gaan inzien dat ze niet op deze manier door kunnen gaan. Ze moeten de dieren in de oceanen met meer respect gaan behandelen.'

Dat dit helaas nog steeds niet het geval is, blijkt ook maar weer eens uit het schrijnende verhaal van Rowana de walvis.'

Rowana de walvis

'Rowana is een blauwe vinvis, het grootste dier dat momenteel op aarde leeft. Ze kunnen een lengte van wel dertig meter bereiken en wegen dan rond de 150.000 kilo schoon aan de haak. Vinvissen, zoals ze ook wel worden genoemd, worden onder gunstige omstandigheden tussen de tachtig en negentig jaar oud.

Deze dieren voeden zich voornamelijk met plankton en krill, maar schuwen ook een school verse haringen niet. Ze nemen enorme happen water tot zich, dat ze vervolgens zeven door de baleinen onderaan hun bek, waarna alleen de plankton en krill overblijft.

Deze uiterst vriendelijke zee-reuzen doen werkelijk geen vlieg kwaad, maar dit is voor de mensen natuurlijk weer geen reden deze dieren niet te bejagen. En daar kan Rowana helaas over meepraten. Zij is namelijk zo'n drie maanden geleden haar beste vriendin Nora kwijtgeraakt die nota bene ook nog eens zeven maanden drachtig was van haar eerste kalf. Opgejaagd en vermoord door gewetenloze Japanse walvisvaarders met louter dollartekens in de ogen.

Japanners zijn gek op vis, en walvisvlees is voor hen al jarenlang een delicatesse. Onder de noemer *wetenschappelijk onderzoek* jagen ze naar hartenlust op walvissen en kunnen daar op die manier ongestraft mee doorgaan, ondanks het feit dat er al jaren een wereldwijd verbod geldt voor het doden van deze zeezoogdieren.

Nora en haar ongeboren kalf zijn op een vreselijke manier afgeslacht. Nadat ze urenlang is opgejaagd door de walvisvaarders met hun snelle harpoenboot, raakte Nora uiteindelijk dodelijk vermoeid. De walvisjagers zagen hun kans schoon en sloegen direct ongenadig toe. Toen ze na verloop van tijd weer boven water kwam om adem te halen, schoot de harpoenist, die voor op de boot had plaatsgenomen achter een afschrikwekkend uitziend kanon, een harpoen in de rug van Nora. Haar pijn moet ondraaglijk zijn geweest.

De harpoen wordt met grote kracht afgeschoten en verdwijnt diep in het lichaam van het slachtoffer. Door de weerhaken die eraan zitten, is het onmogelijk om nog aan dit moordwapen te ontkomen. Nora had werkelijk geen schijn van kans. Na een urenlang, maar zinloos gevecht voor haar leven en dat van haar ongeboren jong, gaf ze uiteindelijk op. Het was gedaan, de oneerlijke strijd was gestreden en Nora had het met de dood moeten bekopen.

De bemanning op het schip was uitzinnig van blijdschap. Ze takelden het levenloze lichaam van Nora met gejuich aan boord via de achterkant van het schip. Dit exemplaar zou de bemanning weer veel dollars opleveren, met als extra bonus natuurlijk het jonge, nog ongeboren kalf dat Nora zeven maanden lang gedragen had. Voor de vissers een welkome en onvoorziene verrassing; voor de oceaan weer een ongekend drama.'

Ralf moet even slikken. 'Het zijn stuk voor stuk verhalen waar ik erg verdrietig van wordt, Gardolf. Soms weet ik het even niet meer. Als ik weer eens voor een paar maanden op zee ben, helemaal in mijn eentje, zwevend op de wind boven de woeste golven van de oceaan, kan ik af en toe wel janken van verdriet. Het is allemaal zo oneerlijk, Gardolf.'

'Ja Ralf, het is allemaal wat,' antwoord ik, 'en dan is dit nog slechts een deel van het probleem.'

Tanna de forel

Zo sprak ik een paar maanden geleden bij toeval Tanna de forel. Tanna leefde in een zogenaamde forellenkwekerij. Daar kweken mensen duizenden forellen in grote betonnen bakken of vijvers. Verreweg de meeste forellen worden overigens in Denenmarken gekweekt, omdat daar de omstandigheden het meest ideaal schijnen te zijn.

Tanna vertelde me toen dat zij op een diervriendelijke manier is opgegroeid. Dat betekende in haar geval op een biologische manier in een ruime buitenvijver. Hier hebben de vissen alle ruimte om normaal te kunnen zwemmen. Verder worden er geen antibioticum of andere schadelijke stoffen aan het water toegevoegd. Tanna heeft het dus nog getroffen, als je dat al zo mag stellen.

Er zijn echter vele viskwekerijen overal ter wereld waar de omstandigheden een stuk (dier)onvriendelijker zijn. Daar wordt dan met name zalm, dorades, zeebaars, meerval en tilapia gekweekt.

'De dieren in dit soort kwekerijen,' zo wist Tanna mij te vertellen, 'zijn bijvoorbeeld een stuk slechter af dan in een diervriendelijke kwekerij. Zij leven met duizenden op elkaar gepakt in relatief kleine bakken of tanks. Hierdoor ontstaat veel stress bij de vissen, wat vervolgens weer leidt tot allerlei lichamelijke en geestelijke ongemakken.

Om uitbraken van ziektes te voorkomen en te bestrijden, worden er geregeld grote hoeveelheden pesticiden en antibiotica aan het water toegevoegd. Dit ondanks het feit dat reeds wetenschappelijk is bewezen dat kweekvis veel meer gifstoffen bevat dan wilde vis.

Ook het doden van de vis gebeurt nou niet bepaald op de meest humane manier die men kan toepassen. Vaak worden de vissen na een toch al kort en stressvol leven in bakken met ijswater gelegd en sterven zo een langzame en pijnlijke dood. Deze doodsstrijd kan soms wel uren aanhouden voordat de vissen daadwerkelijk bezwijken aan alle gruweldaden die hun worden aangedaan. Het komt zelfs voor dat dieren tijdens het vervoer in piepschuim dozen nog in leven zijn.

Er is op dit gebied in vrijwel geen enkel land enige regelgeving van toepassing, behalve dan misschien voor de paling, omdat dit dier al geruime tijd een beschermde status geniet.'

De ontmoeting met Tanna was kort maar intens. Zij is helaas niet lang na ons gesprek afgevoerd en gedood, om uiteindelijk bij een of andere viswinkel in de vitrine te belanden. Dit zorgde er spijtig genoeg voor dat het onze eerste en tevens ook onze laatste ontmoeting was.

Orka's en dolfijnen

In de entertainmentindustrie komt het helaas nog steeds regelmatig voor dat orka's en dolfijnen worden gevangen om in zogenoemde zeezoogdierenparken hun (spring)kunstjes tentoon te spreiden aan het grote publiek. Dit levert deze industrie vele miljoenen per jaar op, maar met het welzijn van de dieren wordt niet of nauwelijks rekening gehouden.

Zowel orka's als dolfijnen zijn zeer sociale en intelligente dieren die in de oceaan in familieverbanden samenleven en enorme afstanden kunnen afleggen. Een groep dolfijnen kan bijvoorbeeld in aantal variëren van enkele tientallen tot meer dan honderd dieren. Deze zeezoogdieren communiceren met elkaar via een soort ingebouwd sonarsysteem door klikgeluiden naar elkaar uit te zenden.

In totaal zijn er ruim dertig verschillende soorten dolfijnen, maar de bekendste zijn toch wel de orka, de witsnuitdolfijn en de tuimelaar. Om deze majestueuze schepsels in een klein bassin te stoppen, beschouw ik als woordvoerder van de dieren dan ook als pure dierenmishandeling.

Veel dolfijnen zijn ooit in het wild gevangen tijdens een van de jaarlijkse dolfijnenslachtpartijen. Dit soort massale jachtpartijen worden onder andere gehouden in Japan, op de Faeröer Eilanden, op de Solomoneilanden en in Peru. Tijdens deze wrede volksfeesten worden er tot wel 1.400 dieren bij elkaar in een hoek van de baai gedreven.

Vervolgens worden de beste exemplaren gevangen en verkocht aan diverse zeeparken over de hele wereld en de overige dieren worden ter plekke afgeslacht en verwerkt voor consumptie. Na zo'n enorme slachtpartij kleurt de zee rood van het vele bloed dat er vloeit. Het is dan net alsof de zee huilt om zoveel zinloos dierenleed.

Orka's, ook wel *killer whale* of zwaardwalvis genoemd, behoren ook tot de familie van de dolfijnen. Deze machtige zeerovers houden ervan om te duiken en kunnen in de oceaan dieptes bereiken tot wel 500 meter. Het grootste bassin van zeezoogdierenpark *Sea World* in de Verenigde Staten is daarentegen slechts tien meter diep, wat in dit verband natuurlijk een lachertje is.

Ook kunnen deze zeezoogdieren in de oceaan wel tachtig jaar worden, de gemiddelde leeftijd ligt ergens tussen de vijftig en zeventig jaar. In gevangenschap worden orka's echter lang niet zo oud als dat ze in vrijheid zouden worden. Voor zover bekend, zwom er jaren geleden voor de westkust van Canada een orka die liefkozend Granny werd genoemd, omdat zij de respectabele leeftijd van 103 jaar had weten te bereiken.

Dit is echter een uitzondering op de regel. Het komt ook geregeld voor dat orka's en dolfijnen die in gevangenschap leven verwoede pogingen doen te ontsnappen aan hun miserabele leven door met hun tanden aan de stalen en betonnen omheining van hun verblijf te knagen. Soms wordt dit ook wel gedaan uit pure frustratie, onmacht of verveling. Door dit knaaggedrag beschadigen de dieren hun gebit zodanig ernstig, dat dit vaak niet meer te herstellen is.

Een uiterst triest verhaal dat mij ter ore kwam, is dat van orka Lolita. Zij werd vijftig jaar geleden, op 8 augustus 1970 om precies te zijn, van haar familie gescheiden en gevangengenomen in de buurt van California (VS). Niet veel later werd ze overgeplaatst naar het *Miami Seaquarium Florida*, 's werelds kleinste orkabassin. Sinds haar maatje orka Hugo in 1980 stierf, nadat hij herhaaldelijk met zijn kop tegen een wand van het betonnen bassin had geramd, heeft Lolita geen enkel contact meer met andere orka's. En dat terwijl haar familie nog steeds vrij rondzwemt voor de kust van de VS. Lolita is zes meter lang, maar zit opgesloten in een ruimte die slechts vier keer zo lang is als haar lichaam. Waarschijnlijk is zij op dit moment de langst, in gevangenschap, levende orka ter wereld. Hoe triest kan het zijn?

Er zijn momenteel verschillende dierenwelzijnsorganisaties die pleiten voor haar vrijlating. Dat is mooi zou je zeggen, maar de belangen van degene die haar gevangen houden, zijn groot. Het zou daarom net zo goed nog jaren kunnen duren voordat men Lolita uiteindelijk, na ruim vijftig jaar, haar vrijheid terug kan geven.

Het grootste zeezoogdierenpark van Europa is het *Dolfinarium* in Harderwijk. Al vanaf 1965 worden hier bijna dagelijks dolfijnenshows gehouden. Met de dolfijnen is het helaas al net zo triest gesteld als met orka's. Ook zij zitten in veel te kleine bassins en moeten hun hele leven lang verplicht allerlei stompzinnige kunstjes opvoeren, ter vermaak van de mensen.

En ook bij dolfijnen is de kans dat ze ooit nog in zee worden vrijgelaten uiterst klein. Vaak voeren de eigenaren van zeeparken als argument aan dat de dieren het in gevangenschap veel beter hebben dan in vrijheid, omdat de oceanen bijna zijn leeggevist en de dieren daardoor toch geen voedsel meer zouden kunnen vinden, of dat het zeewater te ernstig zou zijn vervuild. Volgens hen staan de dieren in een zeeaquarium onder permanent medische toezicht en zijn daarom veel beter af in gevangenschap dan in het wild, althans dat beweren de medewerkers van dit soort instellingen.

Naar ik heb vernomen, is het uitbuiten van dolfijnen feitelijk allemaal begonnen met de tv-serie *Flipper* die in de jaren zestig van de vorige eeuw de wereld veroverde. De film en vlak daarna ook de tv-serie waren een enorme hit, waarna iedereen ineens dolfijnen wilde knuffelen. De wens van het publiek werd natuurlijk direct beantwoord met de komst van enkele grote zeezoogdierenparken in Europa en Amerika. Vanaf dat moment was er echter al geen houden meer aan.

Ook deze nieuwe dolfinaria bleken namelijk een gat in de markt te zijn, waardoor het geld met scheepsladingen tegelijk binnenstroomde. De rol van Flipper in de tv-serie werd vertolkt door zeven verschillende tuimelaars (dolfijnen). Deze dieren zijn inmiddels allemaal alweer overleden.

Een van deze filmsterren, Kathy genaamd, is echter op zeer tragische wijze om het leven gekomen. Zij heeft namelijk in het bijzijn van haar voormalig trainer Ric O'Barry zelfmoord gepleegd, omdat ze de stress en alle ontberingen van een leven in gevangenschap niet meer aankon. Toen Ric zijn vroegere pupil, na een lange tijd van afwezigheid, weer eens kwam opzoeken, keek ze hem enige tijd diep in de ogen en stopte vervolgens simpelweg met ademhalen, waarna ze naar de bodem van het bassin zakte. Ric sprong direct in het water en probeerde Kathy nog te redden, maar dat mocht niet meer baten. Zij is vervolgens in zijn armen gestorven.

Vanaf dat moment heeft de ooit zo succesvolle dolfijnentrainer nog maar één doel voor ogen en dat is om alle in gevangenschap levende dolfijnen te bevrijden uit hun isolement, zodat deze intelligente dieren weer van hun vrijheid kunnen genieten in de oceaan, waar ze thuishoren.

Ik snap werkelijk niet welk recht de mens zichzelf toegeëigend heeft om dieren op deze manier van hun vrijheid te beroven en te misbruiken. Mensen voelen zich superieur ten opzichte van de dieren en dat zullen we weten ook.

Een andere zeer zorgwekkende ontwikkeling die zich de laatste jaren afspeelt, is dat het aantal nieuwe zeezoogdierenparken in China schrikbarend stijgt. Dit immense land heeft daarvoor natuurlijk ook veel dolfijnen en orka's nodig en die worden daarom gretig van andere parken in de wereld overgenomen.

Ook het Dolfinarium Harderwijk heeft zich aan deze wanpraktijken schuldig gemaakt. Zij hebben een aantal dolfijnen verkocht aan China, onder de voorwaarde dat ze alleen ingezet zouden worden voor wetenschappelijk onderzoek, maar de dieren deden al snel vrolijk mee met de dagelijkse shows in het park voor vermaak van het grote publiek. Chinezen hebben immers steeds meer te besteden, zij willen in hun spaarzame vrijetijd vermaakt worden en dat mag over het algemeen best wel wat kosten.

Toch een beetje jammer, want dit gedrag hebben we al eerder van China gezien. Tijdens de coronapandemie kwam er in diverse Europese landen een permanent verbod op het fokken en houden van nertsen voor de bondindustrie en prompt gaat China doodleuk zijn eigen productie van nertshuiden verdubbelen. Dat is dus gewoon dweilen met de kraan open, op deze manier los je het probleem niet echt op.

Een ander triest verhaal waar ik erg van schrok toen ik het hoorde, is dat van orka Morgan. Deze jonge vrouwtjesorka werd in de zomer van 2010 meer dood dan levend en moederziel alleen in de Waddenzee aangetroffen. Zij werd vervolgens overgebracht naar het Dolfinarium Harderwijk, alwaar ze rustig kon aansterken om dan later weer uitgezet te kunnen worden in zee. Dat was aanvankelijk de bedoeling, maar het is helaas toch niet helemaal volgens plan verlopen.

Nadat Morgan weer helemaal op krachten was gekomen en ook nog eens flink was gegroeid, werd ze te groot voor Dolfinarium Harderwijk en moest ze dus weg. Volgens sommige 'deskundigen' had een terugkeer naar zee geen enkele zin, daar zij dit toch niet zou overleven. Dus werd er gezocht naar een goed alternatief. Er werd een plek voor Morgan gevonden bij *Loro Parque* op Tenerife Spanje.

De plaatsing kon alleen doorgang vinden als er niet met haar zou worden gefokt en ook was het niet de bedoeling dat ze met shows zou meedoen. Zij is dus uitsluitend voor wetenschappelijk onderzoek naar Loro Parque verhuisd en natuurlijk omdat de omstandigheden daar iets beter waren dan in Harderwijk. Dit park had immers nog vier orka's waardoor ze in ieder geval niet helemaal in haar eentje zou wegkwijnen.

Maar u raadt het natuurlijk alweer, in mum van tijd deed ze gewoon mee met de dagelijkse shows en werd ze ook nog eens bezwangerd door een van de aanwezige mannetjes. Nu, ruim tien jaar na haar 'redding' zit Morgan nog steeds vast in Loro Parque op Tenerife en zetten steeds meer mensen zich in om haar vrij te krijgen. Of dit ooit nog gaat lukken, is maar zeer de vraag. Men moet de druk er vooral goed op houden en dan maar hopen dat alle mensenneuzen een keer dezelfde kant op gaan staan.

Deze dieren horen in de oceaan thuis en niet in een piepklein pierenbadje ergens in een attractiepark. Ik kan het niet vaak genoeg herhalen, laat de dieren met rust. Wij kunnen heel goed voor onszelf zorgen en zitten meestal niet op de bemoeienis van de mensen te wachten, hoe goed bedoeld ook.

En dan nog even dit, elk jaar worden er door mensen wereldwijd drie biljoen vissen gevangen en gedood. Drie biljoen, dat is drieduizend miljard of drieduizend miljoen maal duizend. Hoelang gaat dat nog zo door? Hoelang houden de oceanen dat nog vol?

Het is helaas alweer tijd om afscheid te nemen van mijn goede vriend Ralf de albatros. Hij vliegt zo dadelijk weer uit over de wereldzeeën, op zoek naar zijn volgende maaltje vis en ik spoed mij weer terug naar de grote eik in het bos. Ik heb eigenlijk niets met de zee, maar vond het wel erg fijn om Ralf weer eens te ontmoeten.

Ons volgende treffen kan zo maar weer een paar jaar op zich laten wachten, dus koester ik de herinneringen van deze ontmoeting. Ook hoop ik van harte dat zijn smeekbede om zuinig te zijn op al het leven in de oceanen bij veel mensen gehoor zal vinden en dat er dan ook daadwerkelijk iets zal veranderen. We zullen het zien.

8
HET CORONAVIRUS

Zo nu en dan komt er hulp uit onverwachte hoek. Neem nou het coronavirus. Ik heb het er al eerder over gehad toen ik neef Rinus in Artis bezocht. Doordat het coronavirus is uitgebroken onder de mensen en ze daardoor lange tijd veel minder actief waren, hebben de dieren in veel opzichten juist weer wat meer ruimte gekregen.

Maar eerst even wat weetjes over virussen in het algemeen. Er bestaan ongeveer 2.480 verschillende soorten virussen op de wereld, waarvan een groot deel schadelijk is voor hogere levensvormen, zoals mens en dier. Een virus is een minuscuul klein organisme, kleiner nog dan een bacterie, dat zich niet zelf kan voortplanten, niet eet en zich ook niet zelfstandig kan voortbewegen. Bacteriën kunnen dat allemaal wel, omdat dat kleine eencellige organismen zijn.

Virussen zijn dus microscopisch kleine stukjes organisch materiaal. Eigenlijk zijn het piepkleine eiwitpakketjes met wat genetisch materiaal erin verstopt. Zij kunnen zich uitsluitend vermenigvuldigen in levende cellen van planten, dieren en mensen. Maar zelfs een bacterie kan geïnfecteerd raken door een bepaald virus.

Zodra het virus een cel infecteert en binnendringt, zal deze cel duizenden identieke kopieën van zijn aanvaller maken, waarbij de cel zelf uiteindelijk vernietigd wordt. Op die manier kan het virus zich dus in korte tijd razendsnel verspreiden in het lichaam van zijn gastheer.

Maar er bestaat ook nog de mogelijkheid dat deze kwade *genius* aan het muteren slaat. Hierbij verandert er, door een klein foutje tijdens het kopiëren, iets in de samenstelling (het DNA) van het virus, waardoor er weer een nieuwe variant ontstaat die zo mogelijk nog besmettelijker of dodelijker is dan zijn voorganger. Dat laatste hoeft overigens lang niet altijd het geval te zijn.

Er zijn veel verschillende soorten virussen die voor zowel mens als dier schadelijk of dodelijk kunnen zijn. Zo heb je bijvoorbeeld het SARS-virus, hepatitisvirus, het influenzavirus (griep), het herpesvirus, het hiv-virus, rabiësvirus, ebolavirus, knokkelkoortsvirus en het pokkenvirus. In veel gevallen zijn het de dieren die een bepaald virus overbrengen op de mens, kijk maar naar rabiës, knokkelkoorts, SARS, hiv, ebola en corona. Andersom, dus dat de mens het virus overbrengt op de dieren, komt veel minder vaak voor.

Men denkt nog steeds dat in het geval van de eerste corona-uitbraak in China het virus daar ook is overgebracht van een dier op de mens. Waarschijnlijk ligt de oorsprong van de pandemie op een Chinese *wet-market*, een markt waar levende dieren worden verhandeld om als voedsel of medicamenten voor de mens te dienen. Naar men aanneemt, gaat het om een vleermuis die drager was van het virus en dat heeft overgedragen op een schubdier (gordeldier).

Dit schubdier heeft het dodelijke virus op zijn beurt vermoedelijk weer doorgegeven aan een klant van een dierenmarkt in de Chinese miljoenenstad Wuhan. En zodra zo'n virus eenmaal 'vaste grond onder de voeten heeft', is er geen houden meer aan. Dan verspreidt het zich razendsnel en kunnen er binnen mum van tijd miljoenen mensen besmet worden, wat hier dus ook is gebeurd.

Als mensen dieren nou eens gewoon met rust zouden laten en ze hun eigen gang zouden laten gaan, dan bestaat er vanzelfsprekend ook minder gevaar op kruisbesmetting. Maar nee, helaas wordt er nog steeds zeer stelselmatig op een ronduit schandalige manier met veel dieren omgegaan, waarbij eigenlijk alleen maar het belang van de mens telt. Wat de slachtoffers (de dieren dus) ervan vinden, doet niet zo ter zake, daar maken weinigen zich echt druk om, heb ik het idee.

Mijn gedachten gaan daardoor direct weer uit naar Gerda de kip, Frouke het varken en natuurlijk mijn bloedeigen neef Rinus, die ik nog niet zo heel lang geleden heb bezocht. Zij deden mij tot in detail uit de doeken hoe slecht ze wel niet behandeld werden door hun 'verzorgers'. Stuk voor stuk voorbeelden van hoe het dus niet zou moeten.

Tijdens de coronapandemie zijn de mensen eindelijk eens met hun neus op de feiten gedrukt. Ze hebben er jarenlang flink op los geleefd. Oké, dat is prima natuurlijk, maar daarbij hebben ze voor het gemak even wat minder rekening met hun omgeving, de natuur en alles wat daarin leeft, gehouden. Met alle gevolgen van dien. Ook in dit geval kun je stellen dat als de mensen op dezelfde voet door zouden gaan zoals ze dat de afgelopen jaren schaamteloos hebben gedaan, het er over een tijdje waarschijnlijk een stuk slechter voorstaat met de planeet waarop we leven.

Wij dieren zien de coronapandemie dan ook meer als een soort waarschuwing naar de mensen toe. Vanzelfsprekend willen we natuurlijk niet dat mensen ziek worden, of erger, komen te overlijden. Wel heb ik gemerkt, en dat is opvallend, dat toen er veel landen in een zogenaamde lockdown zaten en er bijna geen mensen meer op straat waren, de natuur zienderogen is opgeknapt.

Doordat er veel minder mensen op reis gingen en er dus ook bijna geen reisbewegingen meer waren, werd de natuur logischerwijs ook veel minder belast dan normaliter het geval was, en dat is winst. Of om maar eens met Johan Cruijff te spreken: 'Elk nadeel heb zijn voordeel.'

Jarenlang hebben de mensen het milieu enorm belast, wat resulteerde in een sterk vervuilde lucht, verontreinigd water en het zogeheten broeikaseffect, maar nu kan alles zich gelukkig weer enigszins herstellen. Het water in veel meren en plassen is hierdoor weer wat schoner dan voorheen en dat geldt eveneens voor de lucht, omdat er tijdens de lockdowns veel minder auto's op de wegen reden en er amper vliegtuigen rondvlogen. Er bereikten mij de afgelopen tijd dan ook steeds vaker van dit soort positieve berichten met betrekking tot corona.

Zo beweert men in Vietnam en China gestopt te zijn met de (illegale) handel in wilde dieren, zoals vleermuizen en gordeldieren. Deze laatste worden al jarenlang met uitsterven bedreigd. De schubben van het schubdier vormen namelijk de basisstof voor talrijke Chinese medicijnen tegen kanker, leverfalen, huidziekten, artritis en tal van andere toepassingen, waarvan overigens nimmer is bewezen dat ze ook echt werken. Uit berekeningen blijkt dat farmaceutische bedrijven voor hun legale handel in medicijnen ongeveer 400.000 kilo aan schubben van het schubdier per jaar nodig hebben. Slechts een klein deel daarvan is legaal verkrijgbaar, de rest wordt verkregen via het illegale circuit.

Dierentuinen hebben het gedurende de gehele coronacrisis zwaar te verduren gehad, waardoor sommige parken zelfs moesten besluiten hun deuren definitief te sluiten. Voor de dieren van zo'n getroffen dierenpark betekent zoiets meestal dat ze worden verplaatst naar een ander park. Maar het kan ook zo zijn dat bij gebrek aan alternatieven voor een herplaatsing of voldoende financiële middelen het dier in kwestie zal worden geëuthanaseerd.

De meest ideale situatie zou natuurlijk zijn dat men de dieren weer in de vrije natuur uitzet, maar dat is volgens veel parkbeheerders in de meeste gevallen geen optie. Eerlijk gezegd zou ik eigenlijk geen doorslaggevende reden kunnen bedenken waarom dat niet zou kunnen.

Oké, dieren die hun hele leven opgesloten hebben gezeten, zijn niet gewend om te jagen en hun eigen voedsel te zoeken, maar zodra ze echt honger krijgen en er geen verzorger meer in de buurt is die ze komt voeren, neemt hun instinct het op een gegeven moment over en gaan ze echt wel op zoek naar een prooi. In het begin zal dat mogelijk wat moeite kosten, maar oefening baart kunst. Dit is overigens natuurlijk wel afhankelijk van de soort.

Een ander positief bericht dat mij ter ore kwam en waar ik enigszins euforisch van werd, is het laatste nieuws uit de nertsenhouderij. In het kort komt het erop neer dat de gehele nertsindustrie in Nederland en enkele andere Europese landen per direct permanent of, in sommige gevallen tijdelijk, is stilgelegd, dan wel wordt verboden.

Nertsen werden tot voor kort in Nederland gehouden vanwege hun mooie pels die door de bontindustrie werd verwerkt in onder andere bontmantels. In een enkele bontmantel werden maar liefst dertig tot zestig nertsen verwerkt. De vacht van een nerts levert op de internationale markt twintig tot veertig euro op, dus dan kunt u wel nagaan dat er jarenlang flink is verdiend aan deze diertjes.

Na enkele coronabesmettingen van dier op mens bij meerdere bedrijven in een groot gebied is de paniek bij de mensen flink toegeslagen en werden in *no time*, enkel uit voorzorg, steeds meer bedrijven preventief geruimd. Miljoenen onschuldige dieren zijn daardoor op een verschrikkelijke manier aan hun eind gekomen.

Ze zijn door de medewerkers van het destructiebedrijf met tientallen tegelijk hardhandig in grote houten kisten gepropt, vergast en daarna vernietigd. Pelsdieren worden in sommige gevallen ook wel geëlektrocuteerd, verdronken of zelfs doodgeknuppeld, alles om de vacht maar vooral niet te beschadigen, want die is veel geld waard. Elektrocutie gebeurt echter alleen bij vossen en wasbeerhonden.

Maar goed, uiteindelijk kwam dan toch ook het moment dat de laatste nertsfokkerijen geruimd moesten worden wegens direct gevaar voor de volksgezondheid. Alleen al in Nederland hebben we het dan over honderdachtentwintig bedrijven waar in totaal zo'n vijf miljoen dieren zijn vergast. Ook in Polen, Finland en Denenmarken zijn soortgelijke horrorscenario's uitgevoerd.

Op het hoogtepunt van de nertsindustrie telde Nederland maar liefst honderdzestig bedrijven, voornamelijk in het midden en zuiden van het land. Al met al betekende dit dus dat er in Europa alleen al binnen één jaar tijd ongeveer vijfenveertig miljoen nertsen over de klif zijn gejaagd.

Dit is natuurlijk verschrikkelijk, maar een lichtpuntje is wel dat er in deze en nog een aantal andere landen zoals Israël, Groot-Brittannië, Italië, Servië, Bosnië, Tsjechië, Macedonië, Slovenië, België, Luxemburg, Oostenrijk en Noorwegen, naar het er nu uitziet, nooit meer nertsen en andere pelsdieren mogen worden gefokt ten behoeve van de bontindustrie.

Het aantal landen dat bereid is te stoppen met de bonthandel blijft gelukkig nog steeds groeien en dat beschouw ik, als oude wijze uil, dan toch als een enorme overwinning voor de dieren. Het houden van nertsen voor de bontindustrie bestaat in Nederland overigens al ruim honderd jaar en dat betekent dus dat er grofweg vijfhonderd miljoen (!) nertsen zijn omgebracht, enkel en alleen omdat bepaalde mensen het voorheen nodig vonden een bontjas te dragen. Jaarlijks werden er in dit land alleen al ruim vier miljoen jongen nertsen gefokt om een half jaar later alweer bruut te worden vergast ten behoeve van een select gezelschap mensen met een elitaire wansmaak.

Toevalligerwijs ben ik vlak voordat de coronacrisis uitbrak uitgenodigd door Fret en Hermien. Een alleraardigste nertsenfamilie ergens op een nertsenfokkerij in Noord-Brabant. Zij willen heel graag eens met mij praten over de slechte omstandigheden waaronder zij moeten leven. En zoals Fret al summier in de uitnodiging liet doorschemeren, moeten die ronduit verschrikkelijk zijn.

9
FRET EN HERMIEN

Het is voor mij de allereerste keer dat ik een nertsenfarm bezoek. Ik had natuurlijk al wel vaker over de nertsenhouderij gehoord, maar heb dit 'fenomeen' nog nimmer met eigen ogen mogen aanschouwen. Ik heb vandaag een afspraak in het zuiden des lands met Fret en Hermien. Zij leven te midden van zo'n zeventigduizend lotgenootjes onder erbarmelijke omstandigheden in veel te kleine kooien.

Mijn bezoek kan voor hen overigens nog wel eens een heel vervelend staartje gaan krijgen. De eigenaar van deze 'hel op aarde' houdt namelijk absoluut niet van pottenkijkers. Als hij er ooit lucht van krijgt dat Fret en Hermien hebben gesproken met een nieuwsgierige buitenstaander die komt rondsnuffelen op het terrein, zijn de rapen goed gaar. Sterker nog, het zou zelfs kunnen leiden tot hun dood. Dit beseffen zij overigens maar al te goed, maar ondanks het enorme risico zijn ze toch gaarne bereid mij hun verhaal te vertellen. Ik vind dit zeer bewonderingswaardig en ben dan ook direct op hun uitnodiging ingegaan.

Eenmaal op de plaats van bestemming aangekomen, weet ik niet wat ik zie. Ik ben zo langzamerhand wel wat gewend, maar regelmatig word ik toch nog onaangenaam verrast, zo ook deze keer weer. Op het terrein ter grootte van een voetbalveld en omgeven door hoge bomen en dichte begroeiing, staan drie oude houten schuren. In elk van deze schuren zitten ongeveer 70.000 nertsen.

De diertjes zitten al hun hele leven opgesloten in draadstalen kooien van vijfentachtig centimeter lang, dertig centimeter breed en vijfenveertig centimeter hoog. Dit zijn de minimale standaardmaten die zijn bepaald door de overheid van het land. De schuren zijn laag met een breed dak dat bijna tot de grond toe afloopt. De zijkanten, net onder de dakrand, zijn open, waardoor de dieren toch nog enig daglicht en wat frisse lucht krijgen.

Ik tref het jonge gezinnetje aan in een van de drie, enigszins vervallen, schuren op het terrein. Vader Fret, moeder Hermien en de vijf kleintjes. Fret vertelt zich te hebben verheugd op mijn komst.

'Goed dat je er bent, Gardolf. Het wordt tijd dat de wereld eens te horen krijgt onder wat voor erbarmelijke omstandigheden wij hier moeten zien te overleven en hoe er over ons gedacht wordt.' Met gepaste trots stelt Fret zijn vrouw en kinderen netjes aan me voor en steekt vervolgens direct van wal.

'Gardolf, mijn gezin en de rest van de familie,' waarmee hij zijn 69.995 lotgenootjes op de boerderij bedoelt, 'hebben levenslang, zonder enige kans op vervroegde invrijheidstelling. Wij zitten hier vanaf onze geboorte tot aan het moment dat we, na pakweg zeven maanden, de gaskist in gaan. Jawel, je hoort het goed, Gardolf. We worden, nadat we ongeveer zeven maanden hier opgesloten hebben gezeten, zonder enig vorm van mededogen in de gaskist gestopt en dan is het na een doodsstrijd van ongeveer tien minuten gewoon afgelopen.'

Ik weet dat onder normale omstandigheden, in de vrije natuur, nertsen een leeftijd van zeven tot elf jaar kunnen bereiken. Maar dit zijn natuurlijk allesbehalve normale omstandigheden. We hebben het hier over abnormale omstandigheden en dan duurt het leven van een nerts dus maximaal zeven maanden, in plaats van zeven jaar.

Nertsen behoren tot de familie van de marterachtigen. Ze zijn nauw verwant aan de fret, de hermelijn en de wezel. In het wild zijn nertsen bewegelijke, solidair levende roofdiertjes met een goed gehoor en scherp zicht. Nertsen zijn normaalgesproken nachtdieren en daarom voornamelijk in het schemer en 's nachts actief. Overdag slapen ze in een holle boom of in een hol onder de grond langs oevers van meren en beekjes.

Op het menu staan onder andere ratten, muizen, mollen, insecten, regenwormen, kikkers en soms zelfs een konijn. Daarnaast zijn het ook nog eens echte waterratten, dus een lekker visje gaat er op zijn tijd ook nog wel in. Om die reden worden ze dan ook wel moerasotter genoemd en vind je ze vaak in de buurt van waterrijke gebieden.

Het leefgebied van een solitair levende nerts in de vrije natuur is, afhankelijk van het voedselaanbod, soms wel vijf vierkante kilometer groot. Dit staat natuurlijk in schril contrast met de nog geen halve vierkante meter die deze energieke diertjes in gevangenschap hebben.

Dat de in het wild levende nerts in Nederland zo goed als verdwenen is, kan ik als oehoe alleen maar beamen. Tijdens mijn nachtelijke tochten over de velden en door de bossen ben ik ze inderdaad zelden of nooit tegengekomen. En ook in dit geval zien we weer dat de mens hier voor het grootste gedeelte debet aan is.

Redenen voor het verdwijnen van deze soort zijn onder anderen de aanleg van waterkrachtcentrales en kanalen, maar ook de achteruitgang van de waterkwaliteit, de jacht en wederom de enorme expansiedrift van de mens.

Fret vervolgt zijn betoog: 'Het valt allemaal niet mee, Gardolf. Kijk om je heen, dan kan je met eigen ogen zien in wat voor ellende wij en onze kinderen moeten zien te overleven.'

Ik ben het roerend met Fret eens, dit is zonder meer een zeer deprimerende omgeving waar niemand het langer dan een paar uur zou uithouden.

'Hermien en ik kunnen hier hooguit zeven maanden van onze kleintjes genieten, daarna worden ze bruut bij ons weggehaald en verdwijnen ze de gaskist in, om uiteindelijk te eindigen in de bontjas van een of ander parmantig mensenvrouwtje. Als onze jongen die leeftijd überhaupt al halen, want de stress onder de jonge aanwas hier is enorm. Uit pure verveling en frustratie over het feit dat ze nagenoeg geen bewegingsruimte hebben, gaan ze elkaar om het minste of geringste te lijf.

We hebben daardoor al een van onze kleintjes verloren en met onze overige vijf spruiten gaat het ook al niet zo heel erg lekker. De vele vechtpartijen eisen hun tol en veroorzaken allerlei nare wonden die op den duur gaan ontsteken. In sommige gevallen kan dat zelfs leiden tot de dood, zoals wij helaas dus al van dichtbij hebben meegemaakt. Onze jongen zijn nu bijna vijf maanden oud en worden steeds sterker. Het gebeurt helaas met enige regelmaat dat ook wijzelf als ouders aangevallen worden door onze kinderen en dat is natuurlijk al helemaal niet de bedoeling.

Dit is dus allemaal een rechtstreeks gevolg van de enorme stress die onze kleine spruiten dagelijks ervaren. Al die frustratie van een leven in gevangenschap moeten ze toch ergens kwijt en daar zijn wij dan regelmatig de dupe van. Een van de vele issues is bijvoorbeeld dat we hier de hele dag op een draadstalen vloer lopen, wat dan weer leidt tot allerlei problemen aan onze poten, zoals ontstekingen, open wonden en korsten.'

'Ja,' vult Hermien aan, 'altijd maar die pijn aan je poten, vreselijk. En dan de manier waarop we gevoederd worden, dat is helemaal dieronterend. Dagelijks wordt er een kwak slachtafval van vis en pluimvee, vermalen tot een uiterst onsmakelijke brei, boven op de kooi gesmeten. Dat goedje sijpelt vervolgens, als we het niet snel genoeg opeten, dwars door de kooi heen en komt zo op de bodem van de schuur terecht, alwaar het gaat liggen rotten en stinken. Al met al een zeer onfrisse, onsmakelijke en vooral ook onhygiënische bedoening.

En weet je, Gardolf,' stelt Hermien, 'degenen die dit allemaal op hun geweten hebben, degenen die verantwoordelijk zijn voor al deze ellende, komen er gewoon mee weg. Sterker nog, zij verdienen miljoenen euro's per jaar aan onze ellende. Onze huid wordt duur verkocht, zeg ik weleens gekscherend, maar dat is dus ook echt het geval, letterlijk. Het interesseert deze mensen werkelijk helemaal niets hoe wij eraan toe zijn of wat er met ons gebeurt, hen gaat het enkel en alleen om die rotcenten.'

Fret en Hermien zijn op dit moment echt de wanhoop nabij, dat merk ik aan alles. Ik hoor het aan hun stem, zie de blinde paniek en frustratie in hun ogen. Hun gehele lichaam siddert werkelijk van de stress die ze door al deze ontberingen ondervinden. Het is echt vreselijk om te zien. Ik schaam me bijna voor het feit dat ik deze familie en alle andere slachtoffers in de schuur zo dadelijk weer ga verlaten en hen hier dan vervolgens met al hun ellende achter moet laten. Mijn uilenhart huilt, maar op dit moment kan ik echt niets voor ze doen.

Het enige wat mij nu te doen staat, en dat zie ik bijna als mijn plicht, is hun verhaal, hetgeen zij mij nu allemaal in vertrouwen hebben verteld, zo goed mogelijk over te brengen op de mensen. Dat is mijn missie in deze en daar gaat het allemaal om. Het is van groot belang dat men nu eens gaat beseffen wat deze dieren allemaal is aangedaan de afgelopen decennia. En hoe de mensen daar in de toekomst mee om zouden moeten gaan.

Toen ik na enige tijd het terrein van de nertsenfokkerij weer verliet, bekroop mij wederom een zeer onaangenaam gevoel. Dit voelt niet goed, dit voelt helemaal niet goed. Hetzelfde gevoel had ik ook na het bezoek aan Gerda de kip, Frouke het varken en al die anderen.

Waarom doen mensen dit de dieren toch aan? Ik begrijp er helemaal niets van. Het leed wat dieren door mensen wordt aangedaan, is vaak niet te bevatten. Hoe meer dieren ik spreek, des te zorgwekkender ik deze hele situatie ga vinden. Vanuit het perspectief van de mens gezien ziet het er waarschijnlijk allemaal heel anders uit. Hoe dan ook, we moeten hier samen uit zien te komen, zodat er voor mens en dier een win-winsituatie ontstaat.

Het is zeker goed te merken dat er een voorzichtige verandering van inzicht bij de mensen waarneembaar is, maar dat gaat ons eigenlijk nog veel te langzaam.

Een ander pijnpuntje is het feit dat de schuldigen van al dit leed nog worden beloond voor hun daden ook. Zij, de eigenaren van nertsenfokkerijen in Nederland, krijgen namelijk allemaal een meer dan riante afkoopvergoeding van de Nederlandse staat om weer een nieuw bedrijf, in een andere sector, op te kunnen zetten. En dat terwijl ze de afgelopen decennia al een godsvermogen hebben verdiend ten koste van miljoenen nertsenlevens.

Deze nertsenfokkers roepen al jaren dat ze recht hebben op zo'n vergoeding en dan krijgen ze dus uiteindelijk nog gewoon hun zin ook. Want ja, ze zijn nu toch weer genoodzaakt een nieuw bedrijf op te zetten, in een voor hun nieuwe sector. En dat brengt dan natuurlijk weer bepaalde risico's met zich mee, waardoor ze die extra steun van het Rijk goed zouden kunnen gebruiken.

Hoe het ook zij, feit is dat er in Nederland vanaf 21 maart 2021 geen dieren meer gefokt mogen worden ten behoeve van de bontindustrie. Dat zou eigenlijk pas per 1 januari 2024 het geval zijn geweest, maar dankzij de coronapandemie is die datum naar voren gehaald. Het houden en fokken van vossen de andere pelsdieren was gelukkig al langer verboden en nu is het dus per 21 maart 2021 helemaal over en uit voor de bontindustrie in Nederland.

Er is echter nog wel een lange weg te gaan eer er een wereldwijd verbod zal zijn op de handel in bont. De Chinezen springen nu gretig in het gat dat er is ontstaan door het Europese handelsverbod op bont. Ik vind dat een zeer zorgwekkende ontwikkeling.

Het kan toch niet de bedoeling zijn dat het ene land stopt met de productie van bont, terwijl het andere land vervolgens haar bontproductie doodleuk gaat verdubbelen om op die manier 'het gat in de markt' wat daardoor ontstaat, op te vullen? Zo komt het einde van al deze ellende natuurlijk nooit in zicht.

10
DE KERN VAN HET PROBLEEM

Wat ik, als vertegenwoordiger der dieren, nog steeds niet begrijp, is dat het leven van ons in de ogen van sommige mensen kennelijk niet zoveel waard is. Ik ben me ervan bewust dat dit voor veel mensen een erg gevoelig onderwerp is, maar ik zou de vergelijking toch graag willen maken. Het feit dat er zes miljoen Joden in de Tweede Wereldoorlog zijn vergast, is natuurlijk meer dan verschrikkelijk, maar bijna niemand schijnt zich er kennelijk druk om te maken dat er wereldwijd honderden miljoenen dieren worden vergast voor de bontindustrie. Terwijl dit, althans in mijn beleving, misschien wel net zo erg is.

Mogelijk dat veel mensen het nog steeds niet helemaal beseffen, maar dieren hebben ook gevoel. Wij voelen ook pijn, ervaren ook emoties van geluk en verdriet. Wij kunnen net zo goed rouwen om een familielid of geliefde die ons is ontvallen. En ja, wij hebben ook last van stress. Ik heb dit al vaker geroepen en dat blijf ik ook doen, want kennelijk dringt het nog steeds niet helemaal tot iedereen door.

Ik vraag me daarom dan ook steeds vaker af wat wij hebben misdaan. Waar hebben wij het aan verdiend dat er op deze manier met ons wordt omgegaan? Zo slecht zijn we toch niet geweest in het verleden?

Dit is mijns inziens dus ook precies de kern van deze hele problematiek. Hier zit hem de meeste pijn. De hamvraag is dan ook waarom mensen dieren nog steeds niet als hun gelijken (willen) zien. Al decennialang beschouwen veel mensen dieren als een product, een gebruiksvoorwerp of als iets dat overlast veroorzaakt en lastig is. Mensen onderschatten helaas nogal eens waar dieren allemaal toe in staat zijn. Ze beseffen naar mijn mening nog te weinig dat veel dieren over bepaalde kwaliteiten beschikken en daardoor een onmisbare schakel zijn in ons hele ecosysteem, en dat is erg jammer.

Ik heb het al eerder aangestipt, maar toch wil ik hierbij nog een paar ernstige voorbeelden benoemen van hoe mensen op een verkeerde manier met dieren omgaan.

Een populatie herten die in een bepaald gebied regelmatig de weg oversteken, zouden op die manier een gevaar voor de verkeersveiligheid vormen en moeten daarom allemaal maar geruimd worden. In het natuurgebied de Veluwe en de Oostvaardersplassen bevinden zich, volgens de parkbeheerders, regelmatig zoveel herten dat het hele gebied kaal gegeten wordt en de dieren massaal van de honger sterven. Afschot is volgens deze dienders van de wet dan nog de enige humane oplossing.

Wolven die na tientallen jaren van afwezigheid eindelijk weer eens in dit land worden waargenomen, werden al snel door boze boeren verketterd en afgeschoten, enkel omdat ze zo af en toe een of meerdere van hun schapen zouden doden. Een relatief simpele oplossing voor dit probleem zou bijvoorbeeld kunnen zijn om het land waar het vee op graast te omheinen met een hekwerk, in plaats van de wolven afschieten.

De in het zuiden des lands levende wasberenpopulatie staat eveneens onder grote druk. Deze dieren komen oorspronkelijk uit Noord-Amerika. Ze zijn lang geleden naar Nederland gehaald voor de pelsdierhouderij en werden in mindere mate ook wel door mensen als huisdier gehouden. Doordat er regelmatig dieren zijn ontsnapt, hebben ze zich vrij snel in het wild kunnen settelen en vermenigvuldigen.

Nu leven er naar schatting zo'n vijftig tot honderd van in het wild en die doen niemand kwaad. Maar toch wil het provinciebestuur zo snel mogelijk van de dieren af, omdat ze te veel schade zouden veroorzaken aan de natuur en voor overlast zouden zorgen bij de mens. Ze zouden kippen stelen, door de schoorsteen huizen binnensluipen en tot overmaat van ramp zou ook nog eens een groot gedeelte van de populatie besmet zijn met de wasberen-spoelworm die een gezondheidsrisico kan opleveren voor de mens.

Dit valt in de praktijk natuurlijk allemaal reuze mee, maar is voor het provinciebestuur toch reden genoeg om de gehele populatie te verwijderen uit de vrije natuur. Het is de bedoeling de dieren met speciale vangkooien te vangen, waarna ze naar een opvangcentrum gebracht zullen worden, waar ze de rest van hun leven in gevangenschap door moeten brengen.

Verder heerst er in veel steden waar mensen wonen een rattenplaag. Dit betekent meestal dat er op een gegeven moment zoveel ratten op een bepaalde plek bij elkaar leven, dat men van een plaag spreekt. Deze intelligente, leergierige diertjes komen af op het afval dat her en der rondslingert. Je zou dus ook kunnen stellen dat als mensen wat zorgvuldiger met hun afval omgaan, je ook geen 'ongewenste gasten' over de vloer krijgt. Maar goed, ook als er ergens een rattenplaag wordt geconstateerd, worden alle middelen die beschikbaar zijn ingezet om maar weer zo snel mogelijk van dit ongedierte af te komen.

Voor muizen geldt in principe hetzelfde als voor ratten. Voor mij als uil zijn muizen over het algemeen een smakelijk hapje, maar ik zie natuurlijk ook dat het nuttige diertjes voor de natuur zijn. De meeste mensen daarentegen zien dat waarschijnlijk weer heel anders en vinden muizen vooral vies en eng. Met name in hun huizen zijn deze kleine knaagdiertjes allesbehalve welkom. Dieren die toch nog de brutaliteit hebben een woning van mensen binnen te dringen, zullen met alle voorhanden zijnde middelen verdreven of gedood worden, zodat dit ongedierte niet meer terug zal keren.

En zo kan ik natuurlijk nog wel even doorgaan. Ik ben zwanen en ganzen tegengekomen die mij emotioneel bekenden dat ze er helemaal doorheen zaten. Ze vertelden me voortdurend te worden opgejaagd door boze boeren en hun jagende kornuiten die beweren dat de vogels hun grasland kaalvreten.

Recent heb ik wederom vernomen dat spreeuwen niet welkom zijn in boomgaarden. Fruittelers hebben een hekel aan deze dieren, omdat die het fruit ernstig zouden beschadigen, waardoor het niet meer te verkopen is.

Ook kauwen zijn regelmatig de pineut. Dit omdat ze vaak nestelen onder zonnepanelen op daken, in dakgoten en schoorstenen van de huizen waarin mensen wonen. Kauwennesten in schoorstenen kunnen enorme proporties aannemen. Als in het najaar de (open)haard wordt ontstoken, zou daardoor een schoorsteenbrand kunnen ontstaan.

Daarnaast maken kauwen ook erg veel lawaai. Dit doen ze om hun nest te verdedigen tegen andere, al te opdringerige, koppeltjes uit de omgeving en dat zou voor mensen dan weer een zekere mate van overlast kunnen veroorzaken. Verder kunnen kauwen en andere kraaiachtigen ook schade toebrengen aan fruitbomen en moestuintjes. Dit valt in de praktijk echter best mee en lijkt me al helemaal geen gegronde reden om deze intelligente vogels dan maar af te schieten.

Over wilde zwijnen heb ik het al eerder gehad. Ook zij veroorzaken volgens veel mensen overlast. Ze woelen met hun snuit de grond in het bos om op zoek naar eikels, beukennootjes, kastanjes, wortels, knollen en wormen. Maar dit is nog niet eens het ergste. Het gaat namelijk, in heel Europa, erg goed met de wilde zwijnen. Ja, zelfs zo goed dat deze wilde varkentjes een ware plaag voor de mensheid dreigen te worden.

Dit kunnen we natuurlijk ook wel weer met een korreltje zout nemen, maar die geluiden vang ik wel steeds vaker op. De populatie everzwijnen is de laatste decennia explosief gestegen door de afname van roofdieren, een warmer klimaat en meer voedsel. De enige reële bedreiging voor deze dieren komt van de mens.

Wilde zwijnen, ook wel de nozems van het bos genoemd vanwege hun onverschrokkenheid en stoere uiterlijk, paren meestal in de maanden september tot februari en werpen, na een draagtijd van ongeveer honderdvijftien dagen, hun jongen in het voorjaar. Een zeug (vrouwtjeszwijn) krijgt meestal tussen de acht en twaalf jongen per worp.

Dat is dan ook gelijk een van de redenen waarom het aantal wilde zwijnen zo snel toeneemt. De twee belangrijkste redenen voor de overlast schijnen te zijn dat de everzwijnen schade toebrengen aan landbouwgewassen en een gevaar vormen voor mensen en de verkeersveiligheid. Per jaar worden er in dit land daarom preventief duizenden dieren afgeschoten. Maar waarvoor eigenlijk? Enkel omdat de populatie te hard zou groeien, waardoor ze de mensen letterlijk voor de voeten lopen. Vreselijk! Dat kan natuurlijk echt niet, dus afschieten maar weer.

In de landen om ons heen gaat het al niet veel anders. Enige tijd geleden hoorde ik van een bevriende oehoe uit Duitsland dat daar in een weekend door een groep jagers maar liefst vierhonderd everzwijnen waren afgeschoten. De enige natuurlijke vijand die zwijnen momenteel tegen zouden kunnen komen, is de wolf. Maar de wolven zijn in dit land nog niet zo talrijk dat ze de grote overschotten aan everzwijnen in toom kunnen houden. Mogelijk is dit in de toekomst anders.

Niet alleen grote dieren hebben het moeilijk, ook de veel kleinere insecten hebben het zwaar. Denk bijvoorbeeld maar eens aan de honingbijen. Zij worden ernstig in hun bestaansrecht bedreigd doordat de mens zijn landbouwgewassen kwistig met allerlei soorten landbouwgif besproeit. Dat is natuurlijk funest voor vele insecten, zoals de wilde bij, de hommel en tal van andere nuttige beestjes. Deze insecten zijn van essentieel belang voor veel bomen en planten en dus ook voor mens en dier.

Er is voor deze diertjes ook steeds minder voedsel en huisvesting te vinden, wat weer een direct gevolg is van de steeds intensievere, grootschalige landbouw en verstedelijking. Met andere woorden, veel insecten hebben het al jaren erg moeilijk door toedoen van de mens. De mensen zouden zich ook hiervan weer wat meer bewust moeten worden en er vervolgens iets mee doen.

Gelukkig worden er nu op kleine schaal allerlei initiatieven ontplooit om ook de insecten een hart onder de riem te steken. Zo hebben bijvoorbeeld veel gemeenten besloten de bermen niet meer te maaien, waardoor daar weer meer wilde bloemen groeien.

Dieren die onder de noemer ongedierte vallen, zijn dat in feite natuurlijk helemaal niet. Elk dier, hoe klein of nietig ook, draagt zijn of haar steentje bij aan het ecosysteem. Elk dier op deze planeet, inclusief de mens, is hier met een bepaald doel, om de wereld een klein stukje beter te maken. En ieder wezen doet dat op zijn eigen, unieke manier. Dus ongedierte bestaat niet. Het is louter en alleen een label dat de mens aan een bepaalde diersoort hangt, omdat men deze als schadelijk, vies, eng of gevaarlijk beschouwt.

Hetzelfde geldt natuurlijk ook voor onkruid. Mensen bestempelen bepaalde planten in hun tuin vaak als onkruid, maar wat is onkruid dan precies? Wat voor de een onkruid is, kan voor een ander juist wel weer iets heel bijzonders zijn en vice versa.

Kakkerlakken, pissebedden en slakken, allemaal ongedierte volgens veel mensen. Het is maar hoe je ernaar kijkt. In mijn ogen zijn het stuk voor stuk nuttige diertjes die er mede toe bijdragen dat alles gaat zoals het zou moeten gaan op deze planeet. Valt er een bepaalde soort weg, om wat voor reden ook, dan zullen we daar allemaal, direct of indirect, hinder van ondervinden.

Mensen hebben dikwijls een nogal vreemde kijk op dieren. Ze kunnen soms een hond of kat als metgezel in huis halen waar ze werkelijk alles voor over hebben, om dan vervolgens met kerst doodleuk een heel konijn te verorberen alsof er niets aan de hand is. Uiterst merkwaardig allemaal.

De mens vind zichzelf in veel gevallen nog steeds superieur ten opzichte van andere dieren, maar dit is mijns inziens volkomen onterecht. Meestal is de mens juist de mindere in vergelijking met andere diersoorten. Denk daarbij bijvoorbeeld maar aan het reukvermogen van een hond, het gezichtsvermogen van een adelaar of het gehoor van een olifant.

Mensen zijn grotendeels onbehaard, kunnen in vergelijking met andere dieren slecht ruiken, hebben een beperkt gezichtsvermogen, een matig gehoor, bewegen zich niet bijster snel voort, zijn in het water (op een enkele uitzondering na) vrij hulpeloos en kunnen al helemaal niet zelfstandig vliegen.

Een kenmerk waarvan de Homo sapiens zich echter op pijnlijke wijze onderscheidt van andere diersoorten, is dat er bij geen enkele ander dier zoveel zinloos geweld voorkomt als bij deze soort. Geweld dat dikwijls word gestimuleerd door de menselijke psyche, stimulerende middelen, alcohol of geloofsovertuiging. Er zijn natuurlijk vele andere soorten die ook allerlei bloeddorstige trekjes vertonen, maar er gebeurt toch zelden echt iets ernstigs zonder dat daar gegronde redenen toe zijn.

Veel dieren hebben bepaalde uitzonderlijke kwaliteiten waar de mensen vaak niet eens weet van hebben. Zeker op fysiek vlak worden ze dus door veel andere dieren eenvoudig ingehaald. Er zijn talloze diersoorten aan te wijzen die met hun specifieke eigenschappen de mens mijlenver achter zich laten. Dit gegeven word helaas al eeuwenlang schromelijk onderschat en daar zouden de mensen eens wat meer aandacht en respect voor moeten hebben.

Men zou zich gelijkwaardig moeten opstellen ten opzichte van andere diersoorten en dus niet als de overheersende soort. Het enige lichaamsdeel wat bij de Homo sapiens wel goed ontwikkeld is, zijn de hersenen. Maar juist het feit dat de mensheid, relatief gezien, zo intelligent is, maakt het des te schrijnender dat de kloof tussen mens en dier nog steeds zo enorm groot is. Immers, de hoogste vorm van intelligentie is compassie en begrip voor de andere soort.

Mensen hebben speciaal de term *speciësisme* bedacht om de ongelijkheid tussen mens en dier nog maar eens goed aan te duiden. In het kort gezegd betekent speciësisme: discriminatie op basis van soort. Mensen discrimineren in dit geval andere dierensoorten, door ze niet te erkennen als hun gelijke.

Dit is te vergelijken met het feit dat bepaalde blanke mensen nog steeds donkere mensen discrimineren om hun huidskleur, of dat mensen anderen naar het leven staan enkel om hun seksuele geaardheid of geloofsovertuiging. Dit euvel speelt alleen bij de mens. Voor zover mij bekend discrimineert geen enkele andere diersoort zijn soortgenoten om de afwijkende kleur die ze hebben of hun seksuele geaardheid.

De kern van deze hele problematiek zit hem volgens uw gevederde raadsheer dus in het simpele feit dat de mens over het algemeen andere diersoorten nog steeds niet respecteert zoals ze zijn en ze ook niet of nauwelijks in hun waarde laat. Nog veel te veel dieren worden op dagelijkse basis onderdrukt en gedwongen allerlei dingen te doen die ze normaal gesproken niet eens in hun hoofd zouden halen.

Zoals ik al eerder zei, hebben de meeste (zoog)dieren net als de mens een gevoelsleven. Zij ervaren ook bepaalde emoties zoals pijn, verdriet, angst, geluk en verbondenheid. Een triest voorbeeld wat dit nog eens extra duidelijk maakt, is het feit dat dieren ook in staat zijn zichzelf iets aan te doen c.q. zich van het leven te beroven.

In bepaalde situaties kan de mens dieren tot uiterste wanhoop drijven, waardoor zij er soms (instinctief) voor kiezen hun leven te beëindigen. Enkele schrijnende voorbeelden hiervan zijn bijvoorbeeld de moederbeer die haar jonge welpje uit pure liefde wurgde om haar de pijn te besparen die zij leed tijdens het afnemen van gal in een galberenboerderij en zichzelf daarna van het leven beroofde door meerdere keren hard met haar kop tegen een betonnen muur aan te lopen.

Of het trieste verhaal van orka Hugo die jarenlang gevangen werd gehouden in het Miami Seaquarium Florida, 's werelds kleinste orkabassin. Hugo werd samen met Lolita in 1970 voor de kust van Californië gevangen. Hij kon echter niet wennen aan zijn veel te kleine behuizing en is tien jaar later in 1980 overleden, nadat hij herhaaldelijk met zijn kop tegen de betonnen wand van het bassin had geramd.

Soms weten dieren, bijvoorbeeld na een ernstig ongeluk, instinctief dat het geen zin meer heeft nog verder te leven. In zo'n situatie weigeren zij nog voedsel tot zich te nemen en hopen op die manier snel van hun leiden verlost te zijn. Dit toont duidelijk aan dat veel dieren wel degelijk een bepaald besef hebben omtrent de situatie waarin ze op een bepaald moment verkeren. De mens zou dit moeten erkennen en daar dan ook naar handelen. Met andere woorden, het wordt tijd dat men ons (de dieren) zo langzamerhand eens als gelijkwaardig gaat behandelen.

Want nogmaals, het is vervelend om te moeten zeggen, maar er is geen enkel ander levend wezen op deze planeet dat zoveel schade aan het milieu toebrengt als de Homo sapiens. Met name de laatste honderd jaar is de schade aan de natuur enorm toegenomen. Talloze dieren voelen zich, na wat zij allemaal hebben meegemaakt, inmiddels zo ernstig bedreigd in hun voortbestaan dat zij de mens niet of nauwelijks nog vertrouwen.

Het zal tijd en moeite gaan kosten dat vertrouwen weer enigszins te herstellen, maar het is zeker nog niet te laat. Dit betekent niet dat al onze hoop nu vervlogen is, maar we hebben nog wel een lange weg te gaan.

De meest ideale situatie voor ons zou zijn dat er op een gegeven moment geen dieren meer in kooien of hokken opgesloten zullen worden. Dat de oceanen weer vol met vis zitten en dat er nooit meer op walvissen en dolfijnen zal worden gejaagd. Dat er geen dieren meer door de mens worden uitgebuit voor commerciële doeleinden. Dat er nooit meer in bont van dieren gehandeld word. Dat de bio-industrie voorgoed verleden tijd is en dat mensen geen dieren meer misbruiken om allerlei macabere onderzoekjes op uit te voeren.

Onze hoop is nu dan ook volledig gericht op de mensen die het voor ons op willen nemen. Degene die voor ons willen vechten. Het is nog niet te laat, maar het is al wel twee voor twaalf. Dieren horen, evenals de mens, in vrijheid te kunnen leven. Mensen hebben niet het recht ons die vrijheid te ontnemen.

11

DE GEZUSTERS KLARA, BERTA EN DORA

Vanmorgen was ik alweer voor dag en dauw uit de veren. Vandaag staat er een bezoek aan de gezusters Klara, Berta en Dora gepland. De dames staan in de wei nabij het melkveebedrijf van boer Harmsen, ergens in het noorden des lands. Het is begin zomer. De zon staat al vroeg hoog aan de hemel en de vogels zingen hun mooiste lied.

Op zo'n dag als vandaag zijn alle dieren vrolijk, zou je denken. Ik ben erg benieuwd wat de dames mij allemaal te vertellen hebben en hoop niet weer, zoals de laatste tijd wel vaker gebeurt, met een verdrietig gevoel huiswaarts te keren.

Bij aankomst word ik hartelijk ontvangen door de drie zusjes. Ze hebben net hun ontbijt achter de kiezen en staan te popelen mij een beeld te schetsen van hun dagelijkse beslommeringen op en rondom de boerderij.

'Goedendag, Gardolf,' begroet Berta mij, 'wat fijn dat je langs wilde komen op deze mooie zomerdag.'

'Ja, we hebben veel te vertellen, dus ga er maar eens goed voor zitten,' gaat Klara verder. Ik ben neergestreken op een deel van een houten hekwerk midden in de wei. De drie zussen hebben zich om mij heen verzameld met op een afstandje de rest van de familie, want in feite zijn ze natuurlijk allemaal een beetje familie van elkaar.

Ditmaal neemt Dora het woord. 'Beste Gardolf, we hebben je gevraagd langs te komen, zodat we eindelijk ons hart eens bij iemand kunnen luchten. Niet dat we het hier nou per se heel erg slecht hebben, dat is zeker niet het geval, maar er zijn toch wel wat issues die we graag eens aan iemand van jouw kaliber willen voorleggen.'

'Dat heb je mooi verwoord, Dora,' zegt Klara. 'Kijk Gardolf, we staan hier nou wel lekker met z'n allen in de wei, maar dat lijkt toch allemaal net even iets romantischer dan het in werkelijkheid is. Twee keer per dag, 's morgens om zeven uur en laat in de middag zo rond een uur of zes, worden we door een machine machinaal gemolken.

Vroeger, tot aan de jaren zeventig van de vorige eeuw, werd er nog gewoon met de hand gemolken. In die tijd ging de boer nog met paard en wagen volgeladen met melkbussen naar de koeien in de wei om ze eigenhandig te melken. Tot die tijd waren er nog helemaal geen melkmachines. Ook hadden de boeren veel minder koeien dan nu, want handmatig melken was immers een zeer arbeidsintensieve bezigheid.

Tegenwoordig worden de bedrijven in de veehouderij echter steeds groter (een mega veehouder heeft om en nabij de duizend koeien, het grootste melkveebedrijf van Nederland telt momenteel maar liefst 2.250 koeien) en daarom heeft de melkrobot zijn intrede gedaan.

Zo kan de hedendaagse boer met minimale inspanning een groot aantal koeien melken. De moderne veehouder hoeft tegenwoordig nog slechts op een paar knoppen te drukken en het hele melkproces wordt volledig automatisch afgehandeld. De koe bepaalt hierbij zelf wanneer en hoe vaak ze gemolken wil worden.

En terwijl ze door de melkmachine gemolken wordt, krijgt ze, eveneens vol automatisch, een portie krachtvoer aangeboden dat precies op haar behoeftes is afgestemd. Het aantal melkbeurten en liters melk die een koe geeft, worden allemaal in het systeem geregistreerd, zodat de veehouder alleen nog maar het hele proces vanuit zijn luie stoel in de gaten hoeft te houden. Gemak dient de mens is een oud Nederlands spreekwoord dat hier zeker van toepassing is.'

'Ja, maar alle melk die op deze manier van ons afgenomen wordt, is dus niet voor onze kinderen bedoeld,' valt Berta haar zuster in de rede. 'Die arme drommels worden vlak na de geboorte al bij ons weggehaald, zodat alle melk verkocht kan worden en ten goede komt aan de mensen en niet aan onze kinderen.

En Gardolf, wist je dat het overgrote deel van onze jonge spruiten al na ruim een half jaar wordt afgevoerd richting abattoir? In feite zijn wij eigenlijk niets anders dan een soort wandelende melkmachines,' gaat Berta verder. 'Zodra onze kalfjes geboren worden en de melkproductie op gang begint te komen, worden die arme stakkers direct bij ons weggehaald. Vervolgens worden ze elders in zo'n zeven à acht maanden grootgebracht met kunstmelk en krachtvoer, zodat ze goed op gewicht zijn voor de productie van kalfsvlees.

Vroeger had je de zogenaamde kistkalveren. Dat is een term voor kalveren die in kleine houten kisten werden gehouden. Die kisten waren zo klein dat de diertjes werkelijk geen kant op konden. Gelukkig is dit via Europese regelgeving sinds eind jaren negentig van de vorige eeuw verboden. Vanaf die tijd zijn de welzijnsnormen in de bio-industrie steeds strenger geworden, met als gevolg dat men de kalfjes heden ten dage vaak gewoon in de wei kan tegenkomen.

Wat de jonge stiertjes betreft, die zien we sowieso al helemaal nooit meer terug, want zij kunnen natuurlijk niet ingezet worden voor de melkproductie. Van de vrouwelijke kalfjes worden de gezondste en meest bruikbare exemplaren geselecteerd en de rest wordt eveneens verkocht, om uiteindelijk als malse kalfslapjes bij de slager in de vitrine te eindigen,' aldus Berta.

'Negen maanden later, kort na de bevalling, worden we weer opnieuw 'kunstmatig bezwangerd', zeg maar gewoon verkracht door boer Harmsen en consorten, waarna de gehele cyclus weer van voor af aan begint,' vervolgt Dora. 'Zodra we dan na vijf, zes jaar – letterlijk – volledig zijn uitgemolken en er verder geen rooie cent meer aan ons te verdienen valt, zijn we rijp voor de slacht, althans zo ziet het overgrote deel van de melkveehouders dat.

In theorie zou vanaf dat moment ons leven pas echt moeten beginnen, want onder normale omstandigheden, dus wanneer we in volledige vrijheid zouden leven, kunnen we namelijk wel vijfentwintig jaar oud worden. Met andere woorden, doordat de mensen ons gevangen houden en onze melk 'stelen', ontnemen ze ons ook nog eens zo'n twintig jaar van ons leven.

Ik vind dat nogal wat, Gardolf. En wat krijgen wij terug voor al die inspanning? Helemaal niets. Worden wij er ook maar een fractie beter van? Nee! Onze kinderen worden bij ons vandaan gehaald, onze melk wordt ons afgenomen, we lopen ons hele leven met een dikke buik rond en als stank voor dank worden we aan het eind van het liedje doodleuk naar het slachthuis gedeporteerd. Niet echt een fijn vooruitzicht als je nog een heel leven voor je denkt te hebben toch, Gardolf?' vraagt Dora.

'Nee, absoluut niet,' stem ik in. 'Op deze manier heb ik er eigenlijk nog nooit naar gekeken,' beken ik schoorvoetend. 'Ik had echt geen flauw idee dat het zo erg was, dames, maar jullie hebben hier zeker wel een punt. Het schaamrood staat mij bijna op de snavel en ik weet verder eigenlijk niet zo goed meer wat ik nog moet zeggen.'

'Ja,' gaat Klara verder, 'kijk, zomers staan we dan nog wel lekker in de wei, maar 's winters moeten we maanden op stal blijven en dat is geen pretje, kan ik je vertellen. Van al dat staan op een betonnen ondergrond krijgen veel dieren allerlei nare problemen aan hun poten, zoals infecties die worden veroorzaakt door schimmels en bacteriën. Of ze krijgen last van klauwaandoeningen, met klauw wordt de hoef van ons runderen bedoeld, zoals nare gezwellen, zweren en bloedingen aan de zool van de hoef. Verder raken, door het vele melken, onze uiers regelmatig geïnfecteerd en ontstoken, met alle nare gevolgen van dien.

En dan nog even het volgende: om onze melkproductie maar steeds meer op te rekken, werden er in het verleden zelfs bepaalde hormonen door het voer van de koeien verwerkt. Het ging dan meestal om het hormoon *Recombinat Bovine Somatropine*, in de volksmond ook wel het Bovine groeihormoon (RBST) genoemd. Gelukkig is het gebruik van dit middel sinds 2000 verboden, maar de mogelijkheid bestaat natuurlijk nog steeds dat er op kleine schaal binnen de Europese Unie bepaalde hormonen en geneesmiddelen illegaal worden toegediend.

Dus niet alleen bij mensen in de sport wordt doping gebruikt, ook in de veehouderij, de paardensport en zelfs de hondenracerij komt het helaas nog steeds met enige regelmaat voor dat mensen de dieren een bepaalde stof toedienen om op die manier de prestaties van het desbetreffende dier te verhogen.

Een van de mooiste momenten van het jaar is voor ons ongetwijfeld de dag waarop we na een lange winter op stal te hebben gestaan, eindelijk weer de wei in mogen. Dit heugelijke moment is meestal zo rond de eerste lentedag, eind maart, begin april, een beetje afhankelijk van het weer natuurlijk. Alle dames zijn dan zo in hun nopjes dat ze huppelend met kleine vreugdesprongetjes het malse gras in de wei tegemoet treden. Dit wordt dan ook wel gekscherend de koeiendans of voorjaarsdans genoemd.'

'Aan de andere kant, en dat moeten we toch ook wel even melden,' vult Dora haar zuster aan, 'hebben we het nog wel redelijk getroffen met boer Harmsen. Hij probeert er echt alles aan te doen om het ons toch zo goed mogelijk naar de zin te maken. Het is echt geen nare man, maar onze situatie, en die van de meeste andere koeien, is helaas nog steeds verre van ideaal, hoe goed Harmsen ook zijn best doet.

Dat ze onze kinderen op zo jonge leeftijd wegnemen, doet ons eigenlijk nog het meeste verdriet. Je hebt toch een speciale en hechte band met je kind, als dat dan zomaar bij je wordt weggerukt, doet dat pijn, Gardolf. Ik heb vaak het gevoel dat de mensen die onze melk drinken dat niet eens beseffen. Zij hebben naar mijn idee echt geen flauw benul van wat wij allemaal moeten doorstaan om ze een lekker glaasje melk te bezorgen.

Uiteindelijk draait het natuurlijk allemaal weer om geld. Dat is en blijft toch altijd weer de belangrijkste drijfveer voor de mensen. Het leed wat dieren wordt aangedaan, is daarbij helaas van ondergeschikt belang.'

Ik knik. 'Je hebt helemaal gelijk, Dora. Hetzelfde zie ik ook gebeuren in de varkenshouderij en in de pluimveehouderij. Dieren zijn bijna altijd ondergeschikt aan de belangen van de mens, en dat is niet eerlijk. Jullie verdienen beter, maar ook in alle andere sectoren waarbij dieren uitgebuit worden, is het de mens enkel maar te doen om geld. Het begint zo langzamerhand wel een erg eentonig en eenzijdig verhaal te worden, maar mooier kan ik het op het ogenblik toch echt niet maken.'

Nederland is wereldwijd een grote producent als het gaat om zuivelproducten. Denk bijvoorbeeld aan kaas, melk, melkpoeder, room en boter. Per jaar wordt er in Nederland alleen al 1,2 miljoen ton kaas geproduceerd, waarvan meer dan de helft aan het buitenland wordt verkocht. Nederlanders worden dan ook niet voor niets vaak gekscherend 'kaaskoppen' genoemd.

In dit kleine Europese landje aan de Noordzee lopen naar schatting drie miljoen melkkoeien rond. Elke koe produceert gemiddeld zo'n vijfentwintig tot dertig liter melk per dag. Dat is op jaarbasis maar liefst ruim negenduizend liter per dier. Een koe die zes jaar productief is, geeft dan dus zo'n 54.000 liter melk in haar leven. Dat is veel, heel veel melk. En daar krijgen de dames nou niet echt de waardering voor die ze eigenlijk verdienen, want dit kun je oprecht toch wel een topprestatie noemen.

Deze arme dieren worden letterlijk helemaal uitgemolken en als stank voor dank afgeslacht, in stukken gesneden en per kilo verkocht aan mensen die het allemaal niet zoveel uitmaakt waar hun stukje vlees vandaan komt.

'Gardolf,' zegt Klara, 'wij zouden nu eigenlijk graag eens zien dat we na zes jaar en 50.000 liter melk eindelijk mogen gaan genieten van een welverdiende, rustige oude dag. Ik weet dat het een utopie is om daarover alleen al te fantaseren, maar toch. Het zou zo enorm veel recht doen aan al het ongemak dat we al die jaren hebben moeten verduren.'

'Ja, daar ben ik het natuurlijk helemaal mee eens, alleen zie ik dat zelf ook nog niet zo snel gebeuren,' antwoord ik bedroefd.

Na een kleine drie uur neem ik, enigszins geëmotioneerd, afscheid van de drie zusters. Ook de dames houden het ditmaal niet droog. 'Dank je wel, Gardolf,' zegt Berta met een brok in haar keel, 'we zijn erg blij dat je naar ons verhaal wilde luisteren. Niet dat we nou de illusie hebben dat er spoedig iets zal veranderen, maar het is toch fijn om er eens met iemand zoals jij over te discussiëren. We wensen je een goede reis terug en misschien tot een volgende keer.'

Helaas is mijn voorspelling toch weer uitgekomen. Wederom vertrek ik met een slecht en vooral verdrietig gevoel richting de oude eik. Het is erg spijtig, maar ook dit keer kan ik weer weinig voor deze arme drommels doen. We kunnen slechts hopen dat de mensen die hier verantwoordelijk voor zijn, ooit zullen gaan inzien dat het anders moet.

En het kan ook anders. Er komen tegenwoordig steeds meer vlees- en zuivelvervangers op de markt. Het is dus nu aan de mensen zelf om de juiste keuzes te maken. Ik hoop dat ze de dieren met wat meer liefde en respect zullen behandelen, zonder altijd alleen maar aan hun eigen, economische belang te denken.

12 BOOMER DE RAT

Een van de ergste vormen van mishandeling die mensen dieren aan kunnen doen, is ongetwijfeld vivisectie, ofwel het inzetten van dieren om de werking van bepaalde medicijnen, verzorgingsmiddelen, schoonmaakmiddelen en andere potentieel gevaarlijke stoffen uit te testen ten behoeve van de mens.

Eerst weer even wat cijfertjes. Ik heb mij laten vertellen dat er wereldwijd naar schatting honderdtachtig miljoen (!) dieren worden ingezet voor de meest gruwelijke experimenten. Dit gebeurt in allerlei obscure laboratoria, verspreid over de gehele wereld.

In Europa betreft het zo'n kleine vijftien miljoen dieren en in Nederland worden er op jaarbasis toch ook nog steeds een half miljoen testen uitgevoerd, waarvan 90.000 op de zogenaamde kleine knaagdieren zoals ratten en muizen.

In principe is het sinds 2013 in Europa verboden om cosmetische producten op dieren te laten testen. Veel bedrijven omzeilen deze wet echter door de testen in een land als China uit te laten voeren, waar de regelgeving nog een stuk minder streng is, als daar überhaupt al regelgeving is op dit vlak.

Wat weinig mensen waarschijnlijk zullen weten, is dat zelfs een aantal zogenaamde goede doelen een deel van hun geld, wat is binnengekomen via allerlei donaties, aan dierproeven besteden.

Onderzoek is goed en noodzakelijk, maar dit mag nooit en te nimmer ten koste gaan van weerloze dieren. In 2017 werden er in Nederland bijna een half miljoen dierproeven uitgevoerd, waarvan 90% van de slachtoffers het niet overleefde. Daar komt ook nog bij dat veel van dit soort gruwelijke onderzoeken op dieren (70%) niet of nauwelijks resultaat oplevert. De meeste proefdieren worden na een test afgemaakt, om verder lijden te voorkomen of omdat ze simpelweg overbodig zijn geworden.

De eerste dierproef waar ooit iets over gepubliceerd werd, stamt overigens al uit 1628. Zolang is de mensheid dus al bezig met het uitvoeren van allerlei gruwelijke (medische) experimenten op weerloze dieren. We zijn nu inmiddels zo'n vierhonderd jaar verder en nog steeds is er zo goed als niets veranderd, onbegrijpelijk! Sterker nog, het aantal dierproeven is sinds 1628 alleen maar toegenomen.

De dieren die over het algemeen voor laboratoriumonderzoek in aanmerking komen, zijn muizen, ratten, cavia's, honden (beagles), apen, katten, konijnen, kippen, (zebra)vissen, reptielen, geiten, varkens en soms zelfs runderen en paarden.

Ratten worden relatief vaak gebruikt (lees: misbruikt) voor dierproeven en daar zijn dan ook een paar logische verklaringen voor aan te wijzen. De kosten van huisvesting en voedsel zijn laag, omdat ratten hieraan weinig eisen stellen. Ratten zijn erg sociale, intelligente dieren die het leuk vinden om opgepakt te worden, zodat wetenschappers er dus gemakkelijk allerlei handelingen mee kunnen verrichten.

90% van de genen van een rat komt overeen met die van de mens en ook het voortplantingssysteem van ratten lijkt erg veel op dat van mensen. En tenslotte, een koppeltje ratten kan elk jaar zes nestjes van wel twaalf jongen voortbrengen, dat zijn dus tweeënzeventig jonge ratjes per jaar. Als al deze nakomelingen dan ook weer na negen weken jonge krijgen, spreek je toch al snel van een plaag.

De ontmoeting die ik vandaag met Boomer zal hebben, wordt misschien wel een van de meest bijzondere die ik sinds lange tijd heb gehad. Boomer is een grote witte rat met guitige rode kraaloogjes van nog geen jaar oud.

Een paar weken geleden is hij ontsnapt uit het laboratorium van het plaatselijke academisch ziekenhuis waar hij als proefdier werd geboren en gevangen gehouden. In zijn korte leventje is hij inmiddels al meerdere malen betrokken geweest bij verschillende milde experimenten, maar hij is gelukkig toch nog redelijk ongeschonden uit de strijd gekomen.

Door op een zeker moment een van zijn verzorgers in zijn hand te bijten, wist hij op miraculeuze wijze uit deze hel te ontsnappen. Dat is meteen ook de reden waarom deze ontmoeting zo speciaal zal zijn. Boomer is namelijk sinds mensenheugenis de eerste rat die het voor elkaar heeft gekregen om uit dit streng beveiligde lab te ontsnappen. Meerdere laboratoriummedewerkers zijn nu naarstig naar hem op zoek. Er staat nog net geen prijs op zijn hoofd, maar dit is voor het ziekenhuis in kwestie toch echt wel *serious business*.

Als zijn kwelgeesten hem te pakken krijgen, ziet het er in ieder geval niet best voor hem uit. Hoogstwaarschijnlijk zal zijn straf dan leiden tot eenzame opsluiting (volledige isolatie) en de zekerheid dat hij wordt ingezet voor de meest verschrikkelijke experimenten die uiteindelijk de dood tot gevolg zullen hebben. Dit horrorscenario wil Boomer ten koste van alles zien te voorkomen en daarom gaat hij ook uiterst voorzichtig te werk.

Het plan is om 's avonds laat, ergens in het pikkedonker, af te spreken. Zo gezegd, zo gedaan. Klokslag twaalf uur arriveer ik voor onze *secret meeting* ergens in het park. Na zo'n twintig minuten wachten begin ik toch wel een beetje ongerust te worden. Zou Boomer nog wel komen? Durft hij het nog wel aan?

Het risico dat hij neemt, is natuurlijk enorm. Ik kan me daarom heel goed voorstellen dat hij het uiteindelijk toch niet aandurft. Maar net als ik het op wil geven, hoor ik wat geritsel tussen het struikgewas. Niet veel later verschijnt er plots een klein wit kopje met rode kraaloogjes uiterst behoedzaam uit het hoge gras. Gelukkig, denk ik, daar heb je Boomer.

Schichtig kijkt hij om zich heen. Hij neemt duidelijk geen enkel risico. Normaalgesproken staat rat bij mij op het menu als zijnde een zeer smakelijk hapje, maar om hem nou onder deze omstandigheden te verorberen, lijkt mij geen goed idee. Daarnaast ben ik erg benieuwd wat Boomer mij allemaal te vertellen heeft en misschien kan ik zelfs nog wel iets voor hem betekenen. We gaan het zo allemaal meemaken, hoop ik.

'Goedenavond, Gardolf. Sorry dat ik wat later ben, maar je kan niet voorzichtig genoeg zijn,' begint hij.

'Geen enkel probleem, Boomer. Ik weet wat voor gevaren er allemaal op de loer liggen, dus ik begrijp het volkomen. Daarbij ben ik veel te blij dat je me kennis wilt laten maken met alle *ins* en *outs* van het horror-lab.'

'Ja Gardolf, ik ben ook heel dankbaar dat ik mijn verhaal kan doen. Het water staat mij aan de lippen. Ik voel me vreselijk opgejaagd en ik vertrouw bijna niemand meer, dus dit geeft mij de kans om nou eindelijk eens schoon schip te maken.'

'Oké Boomer, laten we maar snel van start gaan, zou ik zeggen, brand maar los.'

'Nou, uhm ja, waar zal ik beginnen,' stamelt Boomer. 'Ik ben dus geboren in een laboratorium dat deel uitmaakt van een Academisch Ziekenhuis ergens in de grote stad. Mijn ouders zijn helaas allebei omgekomen in dit horror-lab. Zij hebben de meest verschrikkelijke experimenten moeten ondergaan, enkel en alleen omdat de mensen zo nodig willen weten wat voor bijwerkingen bepaalde nieuwe medicijnen bij hen zouden kunnen veroorzaken.

Maar dit zijn lang niet de enige proeven die men er uitvoert. Zo worden dieren bijvoorbeeld ook ingezet om te dienen als oefenmateriaal voor medisch studenten. Zij kunnen zo hun *skills* op deze dieren botvieren voordat ze later voor het *eggie* met mensen aan de slag gaan.

Verder wordt er helaas ook nog steeds veel onderzoek op dieren gedaan ten behoeve van kankerbestrijding en ziektes zoals epilepsie, Alzheimer, de ziekte van Parkinson, longaandoeningen, trombose, reuma-aandoeningen, nierproblemen, spierziekten, oogletsel, maag-lever-darmaandoeningen en hartaandoeningen. Dat hier onderzoek naar wordt gedaan is natuurlijk prima, maar laat ons daarbuiten, alstublieft.

Het merendeel van alle dierproeven vindt plaats op ratten en muizen. Ook onder de noemer wetenschappelijk onderzoek worden er allerlei uiterst nare experimenten met dieren gedaan, zoals het implanteren van elektroden in de hersenen van het slachtoffer. Hiermee worden soms elektrische schokken toegediend, waarna de onderzoekers bepaalde hersenfuncties van het dier bekijken, om die later dan weer te vergelijken met de hersenen van de mens voor psychologisch onderzoek.

Ik heb ook meegemaakt dat er bij ratten bepaalde stoffen werden ingespoten, om zo epilepsie en beroertes op te wekken. Er worden soms zelfs expres bloedvaten afgesloten, zodat de hersenen geen zuurstof meer krijgen, waardoor veel van mijn vrienden al tijdens het experiment zijn overleden.

Je hebt echt geen benul van wat voor ellende we allemaal moeten doorstaan, Gardolf. Er bestaat bijvoorbeeld ook zoiets als toxicologische onderzoek. Hierbij worden bepaalde giftige stoffen in de ogen of op de huid van bijvoorbeeld konijnen aangebracht, om te zien hoe schadelijk het goedje kan zijn voor de mens. Dit soort testen zijn uiterst pijnlijk en kunnen na verloop van het experiment zelfs permanente blindheid bij de dieren veroorzaken.

Wat ikzelf heel gemeen vind,' gaat Boomer verder, 'is dat er bijvoorbeeld ook regelmatig jonge ratten worden ingespoten met nicotine of andere soorten drugs, zodat men een beter beeld kan krijgen omtrent de verslavingsverschijnselen bij jonge mensen.

Tijdens andere experimenten gaat men nog een stapje verder en wordt bijvoorbeeld bij katten de ruggengraat opzettelijk beschadigd zodat de dieren nooit meer op een normale manier kunnen lopen. Dit alles gebeurt enkel om de motoriek van de kat op dat moment te kunnen bestuderen. Bij een ander experiment op katten beschadigen onderzoekers expres het netvlies van de ogen, om zo het effect van het centrale zicht te evalueren. Daarna worden de katten gedood om hun hersenen te bestuderen.

De beagle is een geliefd hondenras bij de laboranten om allerlei onderzoek op te verrichten, omdat deze honden een zachtaardig karakter en een hogere pijngrens dan de meeste andere dieren schijnen te hebben. Zwangere proefkonijnen krijgen soms bepaalde giftige stoffen toegediend, zodat men het effect hiervan op hun nog ongeboren jongen kan bestuderen. Het uiteindelijke doel van deze testen is om de veiligheid van medicijngebruik tijdens de zwangerschap bij mensen te kunnen waarborgen.

Omdat apen zoveel overeenkomsten met mensen hebben, zijn ook zij een zeer gewild voorwerp voor allerlei macabere onderzoeken. Deze dieren worden vaak ingezet voor onderzoek naar het immuunsysteem, voor hersenonderzoek, medicijnonderzoek en om de veiligheid van farmaceutische producten te testen op mogelijke bijwerkingen.'

Boomer schudt vol onbegrip zijn kop. 'De mensen maken er af en toe een potje van, Gardolf. Er zijn maar weinig dieren die de dans ontspringen. Zelfs vissen en insecten moeten eraan geloven. Zo worden er in Nederland jaarlijks zo'n 50.000 dierproeven op vissen gedaan. Vooral zebravissen worden bij veel verschillende onderzoeksmethoden gebruikt, zoals onderzoek naar de ziekte van Parkinson, voor kankeronderzoek en eveneens voor onderzoek naar medicijngebruik en de bijwerkingen daarvan.

Ook weet ik dat octopussen regelmatig in andere delen van de wereld worden ingezet bij wetenschappelijk onderzoek naar drugs, zoals MDMA (een stof in XTC). Dit omdat blijkt dat een octopus minstens zo intelligent is als veel gewervelde dieren dat zijn. Fretten worden weer vaak gebruikt (lees: misbruikt) in onderzoek naar verschillende soorten griep.

Omdat deze dieren gevoelig zijn voor menselijke griepvirussen, komen ze ook in aanmerking voor het onderzoek naar het relatief nieuwe coronavirus dat de zeer gevaarlijke ziekte COVID-19 kan veroorzaken.

Ook geiten zijn regelmatig de klos. Omdat zij een stuk groter zijn dan veel andere proefdieren, worden ze regelmatig ingezet ten behoeve van het onderwijs. Medisch studenten kunnen er dan allerlei chirurgische handelingen op oefenen. Verder worden geiten ook gebruikt (misbruikt) bij testen van medische apparatuur zoals hartpompen, omdat ze een relatief groot hart hebben.

En zo kan ik natuurlijk nog wel even doorgaan, Gardolf. Ook kippen worden zeer regelmatig ingezet voor wetenschappelijk onderzoek. Het gaat hierbij voornamelijk om bacteriologisch onderzoek, zoals de vogelpest die overdraagbaar is van vogel op mens. Regelmatig worden kippen, evenals veel andere gewervelde dieren, gebruikt in het onderwijs op universiteiten bij de faculteit (dier)geneeskunde. Zo zie je maar, Gardolf, dat er heel veel verschillende soorten dieren slachtoffer zijn van deze horrorpraktijken. Er moet nog veel veranderen op dit gebied. We zijn er nog lang niet.

Het laatste jaar in het horror-lab was ik goed bevriend met Kyra, een kapucijnaapje dat in dezelfde unit werd vastgehouden als waar wij (ratten en muizen) zaten. Toen ik haar leerde kennen, zat ze al ruim tweeëneenhalf jaar op de afdeling voor radiologische onderzoek. Hier wordt onder andere onderzoek gedaan naar nieuwe medicijnen en methoden om kanker te bestrijden.

Voor dit soort onderzoek is meestal veel geld beschikbaar, want de belangen zijn groot. Met de belangen van de slachtoffers die deze experimenten moeten ondergaan houdt men daarentegen echter niet of nauwelijks rekening. Kyra heeft ruim twee jaar lang zware medicatie toegediend gekregen en is daar uiteindelijk aan bezweken.

Ik mis haar nog iedere dag. In het lab probeerden we elkaar altijd op te vrolijken en hadden zodoende veel steun aan elkaar. Ik durf hier zelfs wel te beweren dat ik het er zonder Kyra een stuk moeilijker zou hebben gehad. Het deed me erg veel pijn mijn beste maatje zo te moeten zien lijden.

Op een gegeven moment begonnen de zware experimenten dus hun tol te eisen. De laatste paar maanden zag ik haar snel achteruitgaan. Haar toch al zo fragiele lichaampje trok het allemaal niet meer. De enorme stress die dit hele proces met zich meebracht, zorgde er tevens voor dat Kyra er geestelijk ook volledig aan onderdoor ging. Ondanks alle steun en aandacht die ik haar gaf, wisten we allebei dat het niet lang meer zou duren. Ik kon haar niet redden, hoe graag ik dat ook wilde. Een paar maanden geleden is Kyra uiteindelijk overleden.

Ik mag het eigenlijk niet zeggen, Gardolf, maar misschien is het voor haar maar beter zo. Nu kunnen de onderzoekers van het horrorlab haar tenminste geen pijn meer doen, althans niet bij leven. Maar zelfs na haar dood laten ze haar niet met rust. Haar ontzielde lichaam wordt gewoon weer ingezet voor de wetenschap. Chirurgen in opleiding gebruiken het nu als oefenmateriaal om hun kennis te vergroten. Uiteindelijk zal haar stoffelijk overschot, zonder enig vorm van mededogen, worden vernietigd door een destructiebedrijf. Ik ben er nog steeds kapot van, Gardolf, dat mag je gerust weten.

Dit alles bewijst maar weer eens dat dieren in veel gevallen nog steeds ondergeschikt zijn aan de mens. Bij dit soort gruwelijke experimenten wordt volstrekt geen rekening gehouden met de wensen en het welzijn van de slachtoffers. In enkele gevallen worden dieren opnieuw gebruikt voor een ander onderzoek, maar dat is feitelijk alleen maar uitstel van executie.

Voor het dier in kwestie heeft dat geen enkele meerwaarde en kun je het zelfs zien als een soort verlenging van het lijden. Er zijn ook dieren in het lab die nooit een test hoeven te ondergaan, de zogenaamde *leftovers*. In zo'n geval zijn er gewoon veel meer dieren van een bepaalde soort dan dat er nieuwe experimenten voorhanden zijn. Maar ook deze *leftovers* moet men op een gegeven moment toch kwijt, dus worden ze zonder pardon onthoofd (door middel van een speciaal voor dit doel ontworpen guillotine), de nek omgedraaid of vergast in een van de gaskamers.

Tegenwoordig is het echter ook mogelijk, als je heel veel geluk hebt tenminste, om een plaatsje in een dierenopvang te bemachtigen. Dit houdt in dat je ergens anders wordt gehuisvest, alwaar je de rest van je leven in betrekkelijke vrijheid zonder stress en het moeten ondergaan van allerlei nare testen kunt verblijven.

Een nieuwe, positieve ontwikkeling is dat dierenvrienden en -vriendinnen nu ook via een organisatie dieren uit het lab kunnen adopteren. Het gaat dan voornamelijk om ratten en muizen, maar mogelijk wordt deze lijst in de nabije toekomst nog verder uitgebreid. Ik had echter weinig trek om daar op te gaan zitten wachten, dus heb ik op eigen initiatief de benen genomen.'

Terwijl hij zijn verhaal vertelt, kijkt Boomer regelmatig schichtig om zich heen. Hij maakt al geruime tijd een nogal gespannen indruk.

'Gaat het, Boomer?' vraag ik hem op een gegeven moment.

'Nou ja, het moet maar, hè,' antwoordt hij. 'Ik knijp hem eigenlijk als een ouwe dief, maar ja, dat is nu eenmaal het risico dat je loopt als je er stiekem tussenuit glipt. Maar goed, om verder te gaan met mijn verhaal,' vervolgt Boomer. 'Ik hou niet zo van opscheppen, maar wij ratten zijn eigenlijk best wel slim. Daarnaast zijn we ook nog eens heel sociaal. Zo vinden we het bijvoorbeeld heerlijk om af en toe wat extra aandacht te krijgen van onze partner, familie, maar ook van de mensen.

Dit werkt in het horror-lab echter in ons nadeel, omdat we daardoor vaker worden ingezet bij proeven voor hersenonderzoek dan andere dieren. Daarnaast zijn wij ook regelmatig de klos als men meer wil weten over verslavingen, psychoses en allerhande angststoornissen bij de mens. En ik kan je vertellen dat dit nou niet bepaald de fijnste onderzoekjes zijn, Gardolf.

Ik vind het trouwens schandalig dat mensen ons ratten en al die andere dieren gebruiken voor dit soort, vaak nutteloze, experimenten. Waarom kunnen ze dergelijke wetenschappelijk onderzoek, zoals ze dat zelf zo mooi formuleren, niet gewoon op hun eigen soortgenoten botvieren? Sorry, dat ik me zo laat gaan, Gardolf, maar ik kan me daar erg over opwinden, zoals je ziet.

Toen ik de kans zag om te ontsnappen, heb ik nog even in dubio gestaan om zoveel mogelijk kooien open te zetten, zodat ook andere ratten de kans kregen om in vrijheid te leven. Het was een duivels dilemma, Gardolf. Ik denk dat als ik zoiets gedaan zou hebben, mijn ontsnapping meteen was opgemerkt. En dan zou alles voor niets zijn geweest. Dan had ik nu nog steeds gevangen gezeten en had ik hier nu niet mijn verhaal aan jou kunnen vertellen.

Stiekem heb ik natuurlijk nog wel een plan B in gedachten. Ik wil namelijk nog een keertje terug naar het horror-lab. Het plan is dan om daar midden in de nacht ongemerkt weer naar binnen te glippen, om vervolgens zoveel mogelijk dieren te bevrijden. En ja, Gardolf, ik ben me natuurlijk bewust van de enorme risico's die aan zo'n bevrijdingsactie kleven, maar die neem ik dan graag voor lief. De gedachte dat ik al mijn familie en vrienden daar heb moeten achterlaten en niets voor ze kan doen, is bijna ondragelijk. Maar eerst nog even van mijn vrijheid genieten nu het nog kan.'

'Natuurlijk, Boomer, dat moet je zeker doen. Je hebt het, als ik het allemaal zo hoor, niet makkelijk gehad. Je verdient het als geen ander om even op adem te komen, na alle ellende die je hebt meegemaakt.'

'Dank je wel, Gardolf, ik ben ook erg blij dat je mijn relaas hebt willen aanhoren. Het lucht mij toch een beetje op en ik hoop dat je het goed kunt overbrengen naar de mensen, zodat er in de toekomst minder dieren slachtoffer zullen worden van dit soort gruwelpraktijken.

Nog liever zou ik natuurlijk zien dat mensen tot het inzicht komen dat dit soort onderzoek echt niet meer kan, dat het dieronwaardig is en dat men er gewoon helemaal mee stopt. En dan spreek ik natuurlijk namens alle proefdieren in het horror-lab, Gardolf, dat moet ik er wel even duidelijk bij vermelden. Of dat ooit allemaal gaat lukken, weet ik niet, maar ik hoop het van harte, al zal ik het zelf wel niet meer meemaken.'

'Ja, Boomer, ik hoop het ook van harte. Dank voor al je informatie. Ik ga echt mijn uiterste best voor je doen. Wees voorzichtig en tot snel onder betere omstandigheden. Het ga je goed, Boomer.'

En weg was hij weer. Boomer verdween net zo snel in het hoge gras als dat hij gekomen was en liet mij verdrietig en enigszins verward achter. Ik vermoedde wel dat het in dit soort horror-labs erg zou zijn, maar het blijkt toch nog weer erger dan mijn angstigste vermoedens.

Als ik midden in de nacht terugvlieg naar het grote bos, ben ik wederom teleurgesteld en zelfs een beetje boos. Ik snap werkelijk niet waarom mensen dit de dieren allemaal aandoen. Gaat het in hun wereld nou echt allemaal alleen maar om geld? Zijn er misschien maatschappelijke belangen die meespelen? Economische belangen misschien? En zijn er dan helemaal geen alternatieven? Allemaal vragen waar ik het antwoord nog steeds niet op weet.

Elk levend wezen heeft het recht om in vrijheid te kunnen leven en dat recht mag de mensheid hem of haar nooit en te nimmer ontnemen. Zo denk ik er in ieder geval over en zo zou het ook moeten zijn.

13
SENNA DE HAZEWINDHOND

De ontmoeting met Senna wordt er mogelijk ook weer een die ik niet snel zal vergeten. Opnieuw een slachtoffer van onderdrukking, geweld en vooral veel ellende. Senna is een hazewindhond of galgo, zoals deze honden in Spanje, waar ze oorspronkelijk vandaan komen, ook wel worden genoemd. In dit Zuid-Europese land worden windhonden vooral ingezet bij de jacht vanwege de enorme snelheden die deze dieren kunnen bereiken.

In andere landen worden dit soort honden weer regelmatig gebruikt om races mee te houden waarbij mensen kunnen wedden op de snelste hond. Senna woont sinds twee jaar bij de familie Nijman, haar adoptiegezin uit Laren (Noord-Holland), waar ze liefdevol is opgevangen en het erg naar haar zin heeft. Maar deze dappere dame heeft daarvoor wel een lange weg af moeten afleggen.

Nog niet zo heel lang geleden zag haar toekomst er een stuk minder rooskleurig uit dan nu het geval is. Toentertijd verbleef ze in een krappe ren op het erf van boer Alfonso in Spanje. Alfonso, een fervent jager, had Senna vanwege haar snelheid speciaal voor de jacht opgeleid. Haar taak was om konijnen en hazen op te jagen, zodat Alfonso en zijn vrienden die dan gemakkelijk konden afschieten.

Op het platteland in Spanje is het namelijk sinds jaar en dag de normaalste zaak van de wereld dat vrijwel iedereen jaagt. Zodra het jachtseizoen in februari echter op zijn einde loopt, worden er in Spanje ieder jaar weer massaal galgo's gedumpt. Deze lieve, gevoelige dieren zijn dan niet meer van nut voor hun eigenaar.

Soms zijn ze te oud of gewoon niet meer snel genoeg voor de jacht. Men wil in zo'n geval zo snel en gemakkelijk mogelijk van de honden af en dat kan natuurlijk op allerlei manieren. Er doen verhalen de ronde dat er honden nog levend in vuilniszakken worden gestopt om vervolgens gedumpt te worden in de rivier. Honden die volkomen uitgemergeld, meer dood dan levend, langs de kant van de weg gevonden worden, dieren die in diepe opgedroogde waterputten worden gegooid of honden die zijn opgehangen met een strop om hun nek aan een boom, en zo kan ik nog wel even doorgaan.

Ik heb ook vernomen dat de jacht in Spanje nog steeds een zeer lucratieve hobby blijkt te zijn waar erg veel geld in omgaat. Elke jager heeft gemiddeld zes tot twintig honden tot zijn beschikking die hij aan het einde van het jachtseizoen weer net zo makkelijk afdankt als een paar oude sokken. Zo hoeft hij tenminste niet het gehele jaar voor de dieren te zorgen, wat weer scheelt in de kosten. Het seizoen daarop schaft hij vervolgens gewoon weer een vers exemplaar aan en daar zit hem nou net het probleem.

De galgo is een gracieuze hond met een zacht, gevoelig, aanhankelijk en lief karakter. Daardoor kan hij goed met mensen samenleven. Het is dan ook extra triest dat er mensen zijn die deze dieren zo slecht behandelen. Als alle verhalen kloppen die ik tot nu toe over galgo's heb gehoord, is het lot van deze honden in veel gevallen zelfs nog treuriger dan dat ik me ooit had kunnen voorstellen. Daarom ben ik ook heel erg benieuwd wat Senna mij zo dadelijk allemaal te vertellen heeft.

Onze ontmoeting vindt plaats in de achtertuin van het huis van de familie Nijman die grenst aan een groot bos, waar Senna heerlijk kan ravotten met de andere honden uit de buurt. Als ik op het afgesproken tijdstip arriveer, is er nog niemand te bekennen, maar na ongeveer tien minuten zie ik Senna aan komen lopen. Lopen zou je het eigenlijk niet eens kunnen noemen, het is meer een soort van sierlijk voortschrijden, bijna gracieus zwevend voortbewegen. Na een korte begroeting begint Senna te vertellen over haar turbulente leven op het Spaanse platteland.

'Gardolf, ik wil graag nog een keer mijn verhaal vertellen, zodat jij het weer aan de mensen kan doorgeven. Dat is helaas nog steeds hard nodig. Veel mensen zien maar niet in wat ons allemaal aangedaan wordt en dat moet snel veranderen, vind ik. Daarna wil ik het er eigenlijk liever niet meer over hebben. Alle gebeurtenissen in mijn jeugd hebben toch wel hun tol geëist.

Zo heb ik nog regelmatig last van nachtmerries. Ook kan het zomaar gebeuren dat ik midden op de dag, zonder enige aanleiding, een flashback van de meest verschrikkelijke gebeurtenissen krijg en dan moet ik echt alle zeilen bijzetten om dat weer van me af te kunnen zetten. In sommige gevallen kan het dan wel een week duren voordat ik weer een beetje de oude ben. Die littekens zal ik mijn hele leven met me meedragen. Fysiek ben ik nu heel redelijk hersteld, maar geestelijk ... Het valt allemaal niet mee, Gardolf.

Vijf jaar geleden zag ik voor het eerst het levenslicht in een klein dorpje, op het platteland midden in Spanje. We waren met z'n zevenen. Moeder voedde ons helemaal in haar eentje op, waarvoor ik haar altijd erg heb bewonderd. De omstandigheden waren toentertijd verre van ideaal, maar zij fikste het toch maar allemaal. Ik was de jongste van drie broers en twee zussen. Een nakomertje, waardoor ik een sterke band met de rest van het gezin had.

Maar na enkele maanden werd ons hechte gezinnetje wreed uit elkaar gerukt. Mijn broers en zussen heb ik sindsdien nooit meer gezien. Zij bleken achteraf verkocht te zijn aan andere jagers in de wijde omgeving. Mijn moeder heb ik daarna nog één keer ontmoet. Zij deed dienst als waakhond bij een boer in een nabijgelegen dorp. Het weerzien met haar was erg emotioneel. We voelden allebei dat dit hoogstwaarschijnlijk de allerlaatste keer zou zijn dat we elkaar ooit nog zouden zien, wat het voor ons beide extra zwaar maakte.

Enige tijd later kwam mijn ergste nachtmerrie uit toen ik via via hoorde dat haar lichaam levenloos ergens in een veld was aangetroffen. Het had er alle schijn van dat ze was overleden ten gevolgen van ondervoeding en ernstige mishandeling. Zo triest, zo nutteloos, ze heeft nooit iemand kwaad gedaan in haar leven. Waarom moest juist zij dan op zo'n akelige manier aan haar einde komen? Na al die jaren trouwe dienst afgedankt als een stuk oud vuil.'

'Verschrikkelijk, Senna, ik kan me het verdriet en de pijn die je doormaakt heel goed voorstellen.'

'Dank je, Gardolf. Ja ... dat is helaas het treurige lot van de meeste galgo's in Spanje. Wij worden meestal ingezet voor de jacht en vervolgens aan het einde van het jachtseizoen als oud vuil ergens gedumpt langs de kant van de weg.

In de tijd dat ik voor Alfonso werkte, ben ook ik zeer slecht behandeld. Ik leefde toen in een groep van vijf honden op de boerderij. Als Alfonso met zijn vrienden ging jagen, wat zeer regelmatig gebeurde, moesten wij mee om de hazen in het veld op te jagen. Zolang alles voor de heren naar wens verliep, was er niets aan de hand, maar zodra een van ons een fout maakte, waren de rapen gaar. Dan kreeg diegene er flink van langs met een houten stok.

Rennen is altijd mijn lust en mijn leven geweest,' gaat Senna verder. 'Maar die hele periode daar op de boerderij van Alonso heb ik als zeer traumatisch ervaren. Na een jachtpartij werden we direct weer opgesloten in ons hok. Dit was een kleine ren van vier bij vier meter met een, eveneens erg klein, nachthok dat minimale beschutting bood tegen de soms barre weersomstandigheden.

Verder moesten we de dag zien door te komen met slechts een schamele maaltijd die nauwelijks voldoende energie opleverde om ons werk naar behoren te kunnen blijven doen. Ook de trainingen die we dagelijks moesten ondergaan, waren verschrikkelijk. Alfonso gebruikte daarvoor namelijk een speciaal geprepareerde auto. Aan weerskanten van de wagen waren horizontale metalen stangen bevestigd waar wij met een riem aan vast werden gezet.

Zodra Alfonso dan ging rijden, moesten wij hem maar zien bij te houden. Lukte dat niet, dan werd je dus gewoon aan de riem waarmee je vast zat over de grond meegesleurd. Stoppen deed Alfonso namelijk pas na een paar honderd meter.

Gardolf, ik heb er de meest verschrikkelijke dingen meegemaakt. Bijvoorbeeld dat honden ter plekke overleden aan de verwondingen die zij tijdens zo'n training hadden opgelopen. Zodra een van ons de auto niet meer kon bijhouden, werd hij of zij eerst nog een tijdje over de harde grond voortgesleurd. Vervolgens stopte Alfonso dan, stapte uit, maakte de riem van het slachtoffer los, gaf hem of haar nog een paar flinke trappen na en liet het arme dier dan vervolgens voor dood achter.

En zo ging dat bijna dagelijks. Alleen de snelste en sterkste dieren overleven deze verschrikkelijke trainingen. Dit was voor mij, en de andere honden, een zeer zware tijd die ik maar moeilijk uit mijn systeem kan krijgen. Al die nare momenten blijven maar terugkomen.

Zelfs nu, twee jaar na mijn adoptie in Nederland, heb ik het er nog steeds erg moeilijk mee. Nog zeer regelmatig heb ik de meest afschrikwekkende beelden op mijn netvlies staan van windhonden die met een strop om hun nek ergens aan een boom zijn opgehangen of honden die volkomen uitgemergeld langs de weg of in een diepe, opgedroogde waterput zijn gedumpt.

Ik denk dat ik die beelden nooit meer kwijt zal raken, Gardolf. Het zal voor altijd een litteken op mijn ziel blijven. Gelukkig heb ik het enorm getroffen met mijn adoptiegezin. Mark, Yvonne en dochter Kim zorgen erg goed voor me.

Met Kim heb ik overigens een hele speciale band. Zij neemt me elke dag mee naar het bos waar ik lekker kan rennen en zo even alle ellende kan vergeten. Maar ook als ze in het bos gaat joggen, ben ik van de partij. We zijn de laatste tijd bijna onafscheidelijk en doen steeds meer dingen samen.

Zonder de familie Nijman zou ik het waarschijnlijk niet gered hebben. Ik besef dat ik heel veel geluk heb gehad en dat ik mij daardoor nu ook in een bevoorrechte positie bevind. Gelukkig zijn er meer galgo's uit Spanje die elders een veilige plek bij een adoptiegezin vinden.

Enerzijds stemt mij dat vrolijk, anderzijds besef ik heel goed dat er nog talloze honden zijn die het minder getroffen hebben. Helaas zijn er nog steeds duizenden galgo's die op de meest verschrikkelijke manieren aan hun einde komen.

Er moet in Spanje snel nieuwe wetgeving komen die dit soort kwalijke praktijken aan banden legt. Dat is mijn inziens de enige manier om het leven van de Spaanse galgo's in de toekomst wat dragelijker te maken. En weet je, Gardolf,' gaat Senna verder, 'een ander probleem waar ik me ernstig zorgen om maak, zijn de (illegale) hondenraces. Deze tak van sport is met name in Engeland, Ierland en Amerika vrij populair. Maar ook in Australië, Nieuw-Zeeland, Dubai en Mexico zijn er nog steeds speciale renbanen voor hondenraces.

In deze landen worden al tientallen jaren commerciële races gehouden met greyhounds. Dit houdt in dat er gewed kan worden op de uitslag van de race, dus welke hond als eerste over de finish komt. Voor de eigenaar van de winnende hond ligt er vervolgens een flink pak geld in het verschiet. De belangen zijn groot en daarom worden deze racehonden vaak tot het uiterste gedreven. De greyhound is familie van de galgo

Espanol en komt oorspronkelijk uit Ierland. Ze zijn iets grover gebouwd dan de galgo en zijn betere sprinters maar hebben minder uithoudingsvermogen dan hun spaanse concurrent.

Werkelijk alles wordt uit de kast getrokken om de windhonden maar zo hard mogelijk te laten lopen. Ik hoorde laatst zelfs dat er in Nieuw-Zeeland een trainster was die haar greyhounds de zwaar verslavende drug methamfetamine (meth) had toegediend, om op die manier de prestaties van haar racehonden te maximaliseren. De vrouw is voor dit vergrijp vier maanden gediskwalificeerd en kreeg een flinke geldboete. Op zich nog een milde straf als je bedenkt wat zij deze dieren allemaal aandoet, enkel en alleen voor haar eigen gewin.

Dierenrechtenorganisaties in Nieuw-Zeeland beweren echter dat dit soort praktijken aan de orde van de dag zijn en kijken al nergens meer raar van op. Zo zijn er alleen al in Australië duizenden windhonden per jaar die tijdens een races gewond raken. En ieder jaar sterven er minstens tweehonderd dieren aan de gevolgen van allerlei verwondingen, hartfalen of stress in deze tak van sport.

Maar niet alleen de greyhounds zijn hier het slachtoffer. Ook de prooidieren waar de honden achteraan rennen, overleven het dikwijls niet, herstel, overleven het nooit. Vaak zijn het konijnen die levend met een stuk touw om de nek aan een stang worden gebonden. Deze stang draait hard in de rondte, zodat de windhonden achter de prooi aan gaan. Soms worden de konijntjes ook op een houten plank gebonden om op die manier als aas te dienen.

In beide gevallen worden deze prooidieren aan het eind van de rit door de opgefokte honden uit elkaar getrokken. Deze sport kent dus eigenlijk alleen maar verliezers, met uitzondering van de mensen dan. Er gaan gelukkig wel steeds meer stemmen op om dit soort hondenraces te verbieden, maar voor het echt zover is, moet er nog veel gebeuren.'

Als ons gesprek bijna ten einde loopt, verschijnt plots Kim in de tuin met de uitlaatriem van Senna in haar hand. Senna veert direct op en spitst haar oren. Haar ogen glinsteren.

'O, Gardolf, ik zie dat Kim mij komt halen voor onze wandeling in het bos. Ik moet nu echt gaan. Dankjewel dat ik mijn verhaal mocht vertellen en dat je al die ellende wilde aanhoren. Ik hoop oprecht dat de verantwoordelijken van al het onrecht wat ons wordt aangedaan ooit eens tot het inzicht zullen komen dat wat zij doen verkeerd is. En dat ze ons in de nabije toekomst met liefde en respect zullen gaan behandelen, zoals het hoort. Net zoals wij hen ook, nog steeds, met liefde en respect behandelen.'

Als ik weer terugkeer naar mijn residentie in het grote bos, realiseer ik me dat dit het zoveelste trieste verhaal is dat ik in korte tijd heb gehoord. Het stemt mij wederom verdrietig, want er lijkt maar geen einde aan te komen.

Stierenvechten

Niet alleen hazewindhonden hebben het zwaar in Spanje, ook de stieren moeten eraan geloven. Het stierenvechten is eveneens een populair tijdverdrijf voor veel mensen in dit land. Hierbij gaat het wederom enkel om het entertainment en wordt er verder op geen enkele manier rekening gehouden met het welzijn en de gevoelens van de stieren die op een verschrikkelijke manier worden gepijnigd en gedood. Er zijn zelfs Spanjaarden die zeggen ervan overtuigd te zijn dat stieren worden geboren om in een arena te sterven.

Door mijn Spaanse collega's wordt ik tijdens de jaarlijkse Balaton Meeting op de hoogte gehouden hoe het er in dit land allemaal aan toe gaat. Het treiteren van stieren zit namelijk diep verweven in de Spaanse cultuur en is al eeuwenlang een traditie. Door het hele land worden het jaar rond diverse culturele festivals gehouden, waarbij stieren op verschillende manieren een hoofdrol vervullen ten overstaan van een uitzinnige publiek.

Het bekendste volksvermaak in Spanje is wel het stierenvechten in een arena. Hierbij wordt een tot op het bot toe vernederde stier in de arena losgelaten, om het op te nemen tegen de matador (stierenvechter). Dit zijn over het algemeen zeer iele mannetjes die normaliter geen schijn van kans hebben tegen een slechtgehumeurde stier van pakweg 1.200 kg. Maar de stierenvechters hebben de bekende rode doek waarachter ze zich kunnen verschuilen.

Het is trouwens een fabeltje dat stieren alleen maar achter een rode doek aan zouden rennen. Stieren zijn namelijk kleurenblind en rennen achter alles aan wat beweegt en voor hen een bedreiging zou kunnen zijn. Zolang de matador dus maar met iets wappert, gaat de stier daar achteraan, ongeacht kleur, vorm of formaat.

Na verloop van het gevecht plant de matador, onder luid applaus van het publiek, een aantal speren in de rug van de stier. Hierdoor lijdt het arme dier zoveel bloedverlies dat hij uiteindelijk vanwege totale uitputting door zijn poten zakt en de strijd opgeeft.

Dit is het moment voor de (dieren)beul om het karwei af te maken. Door een soort dolk in het voorhoofd van het slachtoffer te steken brengt hij als het ware de genadestoot toe. De stier is dan meestal op slag dood, mits de matador zijn werk naar behoren uitvoert. Het aantal stieren dat jaarlijks in de arena wordt gedood, lag in 2020 zo rond de 8.000. Op een dag kunnen er soms wel vier stieren afgeslacht worden, dus dat kan aardig oplopen.

Een ander bekent festival zijn de *San Fermin* feesten in Pamplona. De nauwe straatjes van het historische centrum van de stad zijn dan acht dagen lang volgepakt met duizenden in het wit en rood geklede mannen. Vervolgens worden daar wat stieren met een slecht humeur op losgelaten en je hebt de perfecte mix voor veel spektakel.

Elk jaar laten zeker vijf jongemannen het leven en raken er tussen de twee- en driehonderd gewond in het gedrang van de menigte of worden, in het slechtste scenario, op de hoorns genomen door een van de stieren. Dat het stierenrennen in Pamplona nog steeds onverminderd populair is, mag duidelijk zijn. In 2019 kwamen er naar schatting vijf miljoen Spanjaarden op de festiviteiten af.

In Spanje, maar ook in andere landen zoals Portugal, Zuid-Frankrijk, Mexico, Venezuela, Ecuador, Peru, Colombia, India en Japan, waar het stierenvechten populair is, komen steeds meer mensen tegen dit wrede volksvermaak in opstand. In Barcelona is het bijvoorbeeld al enige tijd verboden en er volgen gelukkig steeds meer regio's in Spanje die *Cottida de Torros*, zoals deze bloederige traditie in de volksmond wordt genoemd, eveneens willen gaan verbieden.

Ook steeds meer nationale en internationale actiegroepen op het gebied van dierenwelzijn voeren de druk om het stierenvechten te stoppen steeds meer op. En niet geheel zonder succes, want mede hierdoor zijn de arena's in Barcelona inmiddels dus al voorgoed gesloten.

Misstanden met paarden

Een ander volksvermaak van de mensen waarbij dieren het met enge regelmaat moeten ontgelden, zijn de paardenraces. Jaren geleden hoorde ik tijdens een Balaton Meeting in Hongarije voor het eerst van dit fenomeen. De rensport bestaat al sinds de Romeinen, maar is voor het eerst echt geprofessionaliseerd door de Engelse koning James I rond het jaar 1600.

Het Verenigd Koninkrijk loopt dus voorop als we het over paardensport hebben, maar ook in Australië, de Verenigde Staten, Frankrijk en het Midden-Oosten timmert men inmiddels aardig aan de weg op dit gebied. De belangen zijn enorm. Goede ren- of springpaarden gaan regelmatig voor een (klein) vermogen van de hand.

In Engeland kunnen de toeschouwers van een paardenrace gokken welke paarden er als eerste, tweede, derde, enzovoort over de finish komen. Hierbij worden regelmatig enorme geldbedragen ingezet. Maar ook voor de winnende jockeys valt er aardig wat geld binnen te harken. En omdat de belangen dus zo groot zijn, wordt er af en toe ook kwistig met allerlei legale en illegale middelen omgegaan, om op die manier de prestaties van de edele dieren nog maar eens wat op te schroeven.

The Grand National is een bekende race die elk jaar in Engeland verreden wordt en is al sinds 1839 de grootste, maar ook meest beruchte race die er bestaat. Elk jaar weer gebeuren er vreselijke ongelukken die veel gewonden en zelfs enkele doden onder jockeys en renpaarden tot gevolg hebben. Maar omdat dit spektakel zo langzamerhand een traditie is geworden, blijft men er gewoon mee doorgaan.

Deze horrorrace gaat over een lengte van bijna zeven kilometer. Er doen veertig paarden aan mee die tijdens het parcours dertig zware hindernissen moeten nemen. Hierbij gebeuren verreweg de meeste ongelukken. *The Chair* of *Bone Crushe*r is een van de meest gevreesde hindernissen van deze race en wordt zo genoemd vanwege de vele botbreuken die paarden bij deze hindernis oplopen. De renpaarden worden vaak tot het uiterste gedreven.

De jockey die met zijn paard als eerste heelhuids over de finish komt, heeft gewonnen. Naast een flink geldbedrag en de titel man/vrouw van de wedstrijd, vergaart de winnaar van deze race ook nog eens eeuwige roem. Het komt ook regelmatig voor dat er dieren tijdens of na een wedstrijd vanwege pure uitputting en hartfalen in elkaar zakken en overlijden. Als ik hieraan denk, springen de tranen mij soms spontaan in de uilenogen van verdriet.

Er wordt dit soort slachtoffers namelijk nooit naar hun mening gevraagd. De paarden hebben simpelweg maar te gehoorzamen en zich te schikken naar de nukken van de mens, of ze het nou leuk vinden of niet. Dit geldt natuurlijk niet alleen voor paarden, maar eigenlijk voor alle dieren die, op wat voor manier dan ook, door de mensen gebruikt (lees: misbruikt) worden.

Nu is het natuurlijk zeker niet mijn bedoeling om de gehele paardensport door het slijk te halen. Er zijn absolute heel veel paardenliefhebbers die alles voor hun paard over hebben en het dier heel goed verzorgen, maar het blijft toch een beetje een geforceerde relatie. Ik bedoel, men zou zich misschien ook kunnen afvragen of het dier in kwestie dit allemaal wel zo leuk vindt.

En zo zijn er nog wat issues waar ik het graag met u over zou willen hebben. Paarden en ezels worden bijvoorbeeld al decennialang door de mens ingezet als last- en trekdier. Dat de mens zo af en toe deze edele dieren om hulp vraagt, is tot daar aan toe, maar dan moet men wel goed voor ze zorgen en ze geen pijn en stress bezorgen. Helaas komt dit laatste heden ten dage nog steeds heel regelmatig voor en dat is niet helemaal de bedoeling.

Vooral in landen als India, Egypte, Pakistan, Ethiopië, Guatemala en Nicaragua neemt men het niet zo nauw met de verzorging van werkpaarden en ezels. Ik heb mij laten vertellen dat de dieren in dit soort landen veelal ingezet worden bij de bouw van huizen. Ze worden daarbij gedwongen om zulke grote hoeveelheden stenen op hun rug te verplaatsen, dat ze bijkans door de hoeven zakken.

In andere gevallen moeten ze een loodzware kar vol met stenen voorttrekken. Veel van dit soort werkpaarden zijn zo ondervoed en verzwakt dat je hun ribben kan tellen. Sommige dieren hebben zelfs allerlei akelige wonden aan hun rug en flanken door het enorme gewicht van de lading stenen. Meestal schenkt de eigenaar van het paard of de ezel er geen aandacht aan. Het enige wat voor hem op dat moment telt, is dat het werk af moet, de rest is van ondergeschikt belang.

Het komt ook nog regelmatig voor dat paarden worden ingezet om toeristen in een rijtuig door de stad te sleuren. In veel drukke steden zoals New York, Brugge, Praag, Istanbul, Florence, Wenen, Krakau, Parijs, Rome, Marrakesh en op het eiland Malta is dat nog steeds aan de orde van de dag. De paarden worden regelmatig gedwongen tot wel zestien uur achtereen te werken. Ze staan soms urenlang in de brandende zon, zonder enige beschutting en krijgen dan nauwelijks voldoende water.

Ik hoorde een tijd geleden via via het trieste verhaal van Charlie.

Charlie was een 23-jarig paard dat jarenlang zeven dagen per week, door weer en wind, gedwongen werd om in Central Park, New York toeristen in een rijtuig op een rondje park te trakteren. Hoewel de vaste standplaats van Charlie het Central Park was, verbleef hij na gedane arbeid in een stallencomplex dat zich ver buiten de stad bevond.

Elke ochtend om acht uur vertrok hij met zijn begeleider (koetsier) dwars door het drukke centrum van Manhattan naar het park. Na een hele dag hard werken vertrokken ze dan 's avonds pas weer om een uur of negen richting het oude stallencomplex, waar nog meer paarden gehuisvest waren. De dieren hadden hier enkel de beschikking over een krappe, tochtige ruimte die bij lange na niet voldeed aan alle huisvestingseisen die men tegenwoordig voor dieren stelt.

Na vele jaren van ontberingen en slavernij, want zo kun je dit toch wel noemen, was het lichaam van Charlie uiteindelijk helemaal op en stortte hij tijdens zijn werkzaamheden ter aarde, om vervolgens nooit meer op te staan. Hoe triest kan het leven dan zijn? Het is bijna niet voor te stellen dat mensen dieren zoiets aan kunnen doen. Zo verdrietig!

Steeds meer mensen vinden deze vorm van vermaak echter niet meer van deze tijd en willen dat de paardenkoets zo snel mogelijk uit het straatbeeld van hun stad verdwijnt. Het is inderdaad natuurlijk al lang niet meer uit te leggen dat dit een goede manier zou zijn om de stad te bekijken. Men kan tegenwoordig genoeg alternatieven bedenken hoe toeristen rond te leiden en ze een onvergetelijke tijd te bezorgen. Daar hoeven geen dieren meer onder te lijden, vind ik.

Laat de dieren nou gewoon eens met rust. Deze koetspaarden vinden het namelijk helemaal niet leuk om de hele dag een zware koets met mensen erin door het drukke verkeer voort te sleuren. Zij hebben hier helemaal nooit om gevraagd, maar daar wordt volstrekt geen rekening mee gehouden. Ze moeten gewoon maar gehoorzamen en hebben verder niets in te brengen.

Op het Griekse eiland Santorini worden al jarenlang ezeltjes ingezet om toeristen de berg op te rijden. Dit tot grote ergernis van diverse dierenwelzijnsorganisaties. Zij hebben er dan ook mede toe bijgedragen dat er nu eindelijk strengere regels zijn ingevoerd voor de eigenaren van de ezeltjes. Zo mogen er vanaf 2018 geen toeristen met een gewicht boven de honderd kg op een ezel rijden.

Ook worden de eigenaren van de dieren verplicht desinfecterende middelen in de stallen te gebruiken en mogen zieke en zwangere ezels niet meer werken. Het is een begin, maar ook niet veel meer dan dat. Er zijn nog steeds zo'n vierhonderd ezels op het eiland die dagelijks urenlang in de brandende zon staan te wachten op toeristen. Dit zorgt alleen maar voor stress, uitdroging en uitputting en dat moet nu eindelijk maar eens stoppen, vindt uw gevederde raadsheer.

Gelukkig zijn er nog veel dieren die wel in vrijheid leven, al wordt ook die van hen steeds verder ingedamd door de mensheid. De dieren die tot nu toe hun verhaal aan mij hebben verteld, vinden het vanzelfsprekend erg belangrijk dat ze gehoord zullen worden. Ze hechten er veel waarde aan dat zij nou eindelijk eens een keer zelf, in hun eigen woorden, kunnen uitleggen hoe de vork in de steel zit.

Alle dieren die ik tot dusver heb gesproken, willen uiteindelijk maar één ding, in goede harmonie en vrede met de mensen samenleven. Zo simpel is het eigenlijk. Hoe moeilijk kan dat nou zijn? Dat het nog steeds niet helemaal wil lukken, ligt denk ik dan ook niet zozeer aan de dieren, maar veel meer aan de mensen. Het feit dat mensen nog steeds dieren misbruiken voor hun vermaak of economische gewin, is natuurlijk ronduit schandalig en moet zo snel mogelijk stoppen.

Zoals u vermoedelijk al wist, ben ik gek op cijfertjes. Ja, ik maak er nu misschien wel een grapje over, maar het is iedere keer toch weer diep treurig te moeten concluderen dat het almaar slechter gaat met de natuur waarin we met zijn alle moeten zien te overleven.

Om nog maar eens wat schokkende feiten op een rijtje te zetten, volgen hier dan nog wat cijfers. Het aantal verschillende diersoorten op de wereld wordt geschat op ruim dertien miljoen, waarvan acht miljoen insecten. Van verreweg de meeste soorten heeft de mens nog geen flauw benul dat ze überhaupt bestaan en dat moet vooral zo blijven, vind ik.

Wereldwijd worden er ongeveer 1.736 dieren per seconde gedood voor menselijke consumptie. Dat zijn er 104.165 per minuut, 6.250.000 per uur, 150.000.000 per dag, 1.050.000.000 per week, 4.650.000.000 per maand, 54.750.000.000 per jaar en 547.500.000.000 per decennium. Ronduit schokkende cijfers, waarbij de dieren uit de oceaan nog niet eens zijn meegenomen, omdat de cijferreeks die dan zou ontstaan, niet meer te bevatten is.

Als vertegenwoordiger van de dieren voel ik mij bijna persoonlijk verantwoordelijk voor al het leed dat hun in de wereld wordt aangedaan. Doordat Ik erg begaan ben met hun lot, ervaar ik dit soms als een enorme druk. Het spijt me oprecht als ik na al die verhalen een beetje drammerig overkom en in herhaling val door hier steeds maar weer op te hameren, maar het is echt nodig dat er dingen veranderen.

Men is op de goede weg, maar we zijn er nog lang niet. Het zou toch mooi zijn als mens en dier ooit in volledige harmonie met elkaar samen zouden kunnen leven.

14
SNOOTH DE BEER

Een van de meest wrede vormen van dierenkwelling door de mens is in mijn ogen nog steeds het aftappen van berengal bij levende Aziatische beren in zogenaamde *Bile Bear Farms* in Zuidoost-Azië. Deze dieren worden hun hele leven lang gevangen gehouden in zeer kleine kooien waarin ze nauwelijks enige bewegingsruimte hebben.

Bij een galbeerboerderij moet u denken aan een grote donkere schuur met daarin meerdere kleine kooien waar de beren in gehouden worden. Deze kooien staan op een soort van pootjes en er zit geen goede vloer in. Er zit eigenlijk helemaal geen vloer in, waardoor de beren enkel op stalen spijlen van de kooi zitten. Dat is mede zodat de *uitmelkers* dan overal makkelijk bij kunnen. Dit soort martelkamers zijn heden ten dage helaas nog steeds veel te vinden in landen als China, Myanmar, Laos, Vietnam en Zuid-Korea.

De laatste twee landen hebben echter onder druk van plaatselijke dierenwelzijnsorganisaties besloten (gefaseerd) te zullen stoppen met deze wrede vorm van dierenmishandeling. Veel beren in de gal-industrie dragen daarnaast ook nog eens permanent een zwaar metalen harnas om hun middel, zodat men het gal makkelijker kan aftappen. Zo'n harnas wordt ook wel een *full metal jacket* genoemd en weegt al snel zo'n acht kilo, een enorme belasting voor een dier dat toch al een zwaar getraumatiseerd leven leidt.

Het aftappen van de berengal geschiedt onder andere via een metalen katheter van 7,5 centimeter die operatief in de galblaas van de beer is geplaatst. De gal wordt in de regel een tot drie keer per dag afgetapt. In sommige gevallen wordt de gal ook direct in een soort plastic infuuszak opgevangen.

Dit aftappen van de gal is echter een zeer pijnlijk proces voor het slachtoffer. De beren op een galboerderij worden meestal moedwillig hongerig en dorstig gehouden, zodat ze meer gal produceren. Enkel bij het aftappen van het *vloeibare goud* krijgen ze wat te eten en te drinken. Dikwijls krijgen de beren antibiotica toegediend, omdat de open wond waar de metalen katheter is ingebracht, regelmatig gaat ontsteken.

Daarnaast zitten ze vaak onder de verdovende middelen om hen enigszins rustig te houden. In enkele gevallen worden zelfs de klauwen geamputeerd van nog levende beren omdat deze, met name in China, als een delicatesse worden beschouwd en klanten ze daarom voor veel geld vers bij een berenboerderij willen kunnen bestellen.

Sommige boeren beweren dat de beer in kwestie zijn poten bij het transport zodanig heeft verwond dat ze geamputeerd moesten worden. Andere zeggen weer dat het komt doordat de dieren in strikken lopen als ze worden gevangen uit de wildernis. Hoe het ook zij, het is verschrikkelijk dat deze dieren zo moeten lijden voor een placebomedicijn dat eigenlijk nergens goed voor blijkt te zijn.

Berengal wordt al zo'n tweeduizend jaar in de Chinese geneeskunde gebruikt als medicijn tegen allerlei onduidelijke kwaaltjes. Het is echter nooit bewezen dat het ook maar enige geneeskrachtige werking zou hebben.

Eigenlijk is het meer een soort statussymbool. Rijke Chinezen gaan er prat op dat ze het kostbare goedje kunnen betalen en geloven dan ook heilig in de heilzame werking ervan. Omdat er in China zoveel geld wordt betaald voor een klein flesje gal, is het ook voor de boeren die de beren uitmelken een zeer lucratieve business.

Vooral in China is berengal dus erg populair. Er zijn daar dan ook nog tientallen galboerderijen operationeel, al gaan er de laatste tijd steeds meer stemmen op dat deze hele industrie snel tot een einde moet worden gebracht. China is en blijft voorlopig nog wel de grootste afnemer van berengal in de wereld.

Sterker nog, de Chinese regering heeft recent nog een injectie met *Tan Re Qing*, zoals dit goedje ook wel genoemd wordt, aanbevolen om mensen met ernstige en levensbedreigende coronaklachten mee te behandelen.

In Vietnam waren voorheen ook veel galboerderijen, maar hier zijn de vooruitzichten gelukkig een stuk beter. In 2017 is de Vietnamese regering met lokale dierenrechtenorganisaties namelijk overeengekomen om per 2022 de resterende duizend galberen in dit Aziatische land te bevrijden en voorgoed te zullen stoppen met de productie van berengal.

Zuid-Korea heeft eveneens aangekondigd maatregelen te zullen treffen tegen de galbeerindustrie. Hier heeft men inmiddels alle galberen laten steriliseren om verder dierenmisbruik te voorkomen.

Andere landen waar nog steeds berengal wordt gewonnen, zijn Laos en Myanmar (Birma). De vraag naar berengalproducten komt overigens ook uit landen waarvan je het eigenlijk helemaal niet zou verwachten, zoals Australië, Indonesië, Singapore, Canada en de Verenigde Staten.

Daarnaast is mij ter ore gekomen dat er in China een lijst bestaat met beschermde dieren, de *National List of Key Protected Wild Animals*. De wilde dieren die hierop staan, mogen niet worden misbruikt ten gunste van de mens.

Sinds de coronacrisis is het aantal diersoorten dat op deze lijst staat verdubbeld. Dit toont onder meer aan dat de manier waarop er in dit immense land naar dieren wordt gekeken langzaam, in het voordeel van de natuur, aan het veranderen is. In China groeit eindelijk het besef dat de mens niet mag heersen over de natuur, maar juist samen en in harmonie moet leven met de planten en dieren om hen heen.

Toen ik tijdens een van de laatste Balaton Meetings aan het Balatonmeer in Hongarije met een bevriende collega oehoe over de galberenproblematiek sprak, vertelde hij mij het trieste levensverhaal van Snooth, een Aziatische zwarte beer (ook wel moonbear genoemd) in China.

Nadat jagers eerst zijn moeder hebben gedood, werd Snooth op tweejarige leeftijd ergens in de binnenlanden van Volksrepubliek China gevangengenomen en naar een galberenboerderij in de Zuid-Chinese provincie Guangxi gebracht. Direct na de gevangenneming hebben zijn kwelgeesten bij hem operatief een metalen katheter door zijn buik in de galblaas geplaatst, waarmee men het kostbare gal gemakkelijk kan aftappen. Daarna sloten ze Snooth in een zeer krappe stalen kooi op, waar hij de rest van zijn leven in moest doorbrengen.

In het wild kan de Aziatische zwarte beer wel vijfentwintig tot dertig jaar oud worden, maar eenmaal slachtoffer van de galbeerindustrie wordt die leeftijd zelden of nooit gehaald. Het ongerief en de pijn die ze dagelijks moeten ondergaan zijn zo verschrikkelijk dat ze soms al na enkele jaren sterven.

Er zijn echter ook gevallen bekend van beren die na meer dan twintig jaar gevangenschap alsnog door een plaatselijke dierenrechtenorganisatie worden bevrijd. Deze organisaties kopen stukken grond die dan speciaal voor de opvang van de zwaar getraumatiseerde beren uit de galindustrie worden omgetoverd tot een veilige haven en speelweide waar de dieren weer volledig tot rust kunnen komen. Zo bestaan er in China en Vietnam speciale berenbossen waar tientallen beren uiteindelijk toch nog van een mooie oude dag kunnen en mogen genieten.

Het leven van Snooth voltrok zich grotendeels in het donker. Letterlijk en figuurlijk, want zijn kooi en die van de andere beren stond in een oude vervallen schuur waar nauwelijks daglicht naar binnen scheen. Twee- tot driemaal per dag kwam de beheerder van de boerderij gal aftappen bij de beren.

Dit was voor Snooth iedere keer weer een traumatische ervaring, want het deed verschrikkelijk veel pijn. Temeer omdat de open wond waar de katheter was ingebracht vaak ontstoken was. Het enige lichtpuntje was dan dat de beren na het aftappen van het gal een beetje eten en drinken kregen. De rest van de dag stonden ze echter op een streng rantsoen, daar deze manier van uithongeren de meeste gal opleverde voor de beheerder van de boerderij.

Het is bijna niet voor te stellen hoe erg deze vorm van uitbuiting voor de slachtoffers moet zijn. Om enigszins een beeld te krijgen van deze gruwelijkheden, moet u zich eens proberen voor te stellen dat u de rest van uw leven in een donkere kelder moet doorbrengen.

U zit daar opgesloten in een stalen kooi die zo krap is, dat u zich niet of nauwelijks kunt bewegen. Vervolgens is er een stalen buis in uw buik en galblaas aangebracht om uw gal te stelen. U krijgt allerlei ontstekingen en nare infecties, maar geen of nauwelijks medicatie om de pijn te verhelpen of te verminderen. Al vrij snel zit u er volledig doorheen en wordt ook de geestelijke nood erg hoog. Maar u kunt niets beginnen, want zelfs bewegen is al praktisch onmogelijk.

U wordt regelmatig bijna gek van de honger en de dorst, maar ook daar is niets aan te doen. Na enige tijd zou u de beheerder van de boerderij het liefst helemaal uit elkaar willen trekken, maar dat zit er ook niet in, u kunt namelijk geen kant op. Zo nu en dan krijgt u een injectie met een of ander verdovend middel waar u (tijdelijk) wat rustiger van wordt.

De stress is echter zo groot dat u na een vreselijke lijdensweg van vijftien jaar eenzame opsluiting hoogstwaarschijnlijk bezwijkt aan hartfalen, een hersenbloeding, leverontsteking of een chronische galblaasontsteking, en zwaar geestelijk discomfort. Zoiets verschrikkelijks wenst u zelfs uw grootste vijanden nog niet toe.

Met Snooth is het al niet heel veel beter afgelopen. Ik weet er natuurlijk niet het fijne van, maar ik heb gehoord dat hij niet lang van zijn vrijheid heeft kunnen genieten. Het verhaal gaat dat Snooth, nadat hij drieëntwintig jaar gevangen heeft gezeten, eindelijk werd bevrijd uit de Zuid-Chinese martelboerderij, maar er dusdanig slecht aan toe was, dat hij een paar weken later alsnog door allerlei medische complicaties is overleden. De artsen hebben nog hun uiterste best gedaan om hem te redden, maar dat mocht helaas niet meer baten.

De nood bij deze slachtoffers is zelfs zo groot, dat sommige beren zichzelf van het leven beroven om maar aan alle pijn en ellende te kunnen ontkomen. Jawel, u leest het goed, zo erg is het dus.

Zo bestaat er een bizar maar waargebeurd verhaal over een moederbeer en haar welp op een galboerderij ergens in China. De moeder beer brak uit haar kooi toen ze haar jong langdurig hoorde gillen van de pijn op het moment dat bij hem voor de eerste keer gal werd afgetapt. De beheerders van de boerderij sloegen op de vlucht toen ze de moeder op hen af zagen komen.

Toen duidelijk werd dat ze haar welp niet kon bevrijden uit de kooi waarin het zat opgesloten, zou de moederbeer haar jong eerst door de tralies heen hebben geknuffeld en het daarna hebben gewurgd. Vervolgens rende ze opzettelijk meerdere malen hard met haar kop tegen een muur, waarna ze uiteindelijk is overleden.

Dit is wel een van de meest aangrijpende anekdotes die ik ooit heb gehoord en het geeft ook maar weer eens aan hoe nijpend de situatie omtrent de galbeerindustrie heden ten dage nog steeds is. Hier moet koste wat het kost zo snel mogelijk een eind aan worden gemaakt.

Gelukkig staan zo langzamerhand vrijwel alle neuzen dezelfde kant op. We zijn dus op de goede weg, maar zolang de vraag vanuit met name China groot blijft, en mensen bereid zijn veel geld voor dit goedje te betalen, zullen velen de verleiding moeilijk kunnen weerstaan om het toch te blijven produceren.

Het valt misschien minder op, maar er zijn ook nog steeds vele particulieren huishoudens die ergens in een donkere kelder, in een kleine kooi achter een restaurant of verstopt in de schuur bij een woonhuis een beer hebben zitten die ze uitmelken. Deze *Nowhere Bears,* zoals ze ook wel genoemd worden, zijn erg moeilijk op te sporen en niemand weet precies om hoeveel slachtoffers het gaat, maar het zou alleen al in Vietnam om vele tientallen dieren gaan. Het allerlaatste nieuws vanuit Vietnam is dat er (harde) afspraken zijn gemaakt, met de intentie om alle, nog in gevangenschap levende beren, te bevrijden in de loop van 2022.

Dansberen

In enkele Oost-Europese landen, alsmede Albanië, Rusland, Oekraïne, Turkije en sommige staten van de voormalig Sovjet-Unie treden nog steeds, zij het zeer beperkt, zogenaamde dansberen op voor publiek. De beren worden door hun baas gedwongen om op hun achterpoten te dansen op de muziek die hun begeleider ten gehore brengt.

Het dansen wordt hen al van jongs af aan geleerd door ze over gloeiend hete kolen te laten lopen. Om de beren enigszins in bedwang te houden, krijgen ze een ring door hun neus geboord waaraan een touw of ketting is bevestigd. Op deze manier kunnen de dieren geen kant op en is hun lot bezegeld. Verschillende succesvolle protestacties van dierenwelzijnsorganisaties hebben er echter de afgelopen jaren mede toe bijgedragen dat ook deze wrede vorm van entertainment vrijwel overal is verbannen uit het hedendaagse straatbeeld.

Hond in de pot

Enige tijd geleden hoorde ik tijdens een Balaton Meeting ook nog dat het in China en Vietnam de normaalste zaak van de wereld is dat er in restaurants gerechten met honden- of kattenvlees op de menukaart staan. Dat ze in bepaalde landen hond of kat op de kaart hebben staan, verbaast me eigenlijk niet eens zo heel erg.

Mensen eten, zonder zich daar erg druk over te maken, tenslotte ook varkens, kippen, schapen, koeien, geiten, konijnen, kalkoenen, eenden, herten, zwijnen en allerlei zeedieren, dus waarom geen hond of kat. Het is misschien meer de manier hoe men aan deze dieren komt en hoe ze behandeld worden.

Veel honden en katten worden namelijk op een onbewaakt ogenblik gewoon van de straat of bij hun baasjes van het erf weggenomen. Met andere woorden, ze worden gestolen en vanaf dat moment wordt er ook niet bepaald zachtzinnig meer met deze dieren omgegaan en dan druk ik mij nog heel netjes uit. Niet zelden worden de honden hardhandig geslagen of geschopt.

De slachtoffers worden vervolgens in zeer krappe kooien, dicht op elkaar gepakt vervoert, waardoor sommige de reis van enkele uren tot soms wel enkele dagen niet of nauwelijks overleven. Ieder jaar in de maand juni wordt er in de Chinese stad Yulin, provincie Guangxi Zhuang, zelfs een heus hondenvleesfestival georganiseerd.

Dit is een event waar duizenden mensen vanuit het hele land op af komen, dus wordt er flink uitgepakt. Tientallen restaurantjes in de stad hebben tijdens de festiviteiten hond op het menu staan. Om de dieren extra goed op smaak te krijgen, worden de honden in sommige gevallen zelfs levend gekookt. Jawel, u leest het goed, ze gaan gewoon levend de pan in. Chinezen geloven namelijk dat als je bij dieren angst en stress opwekt, er een bepaalde stof in het lichaam van het slachtoffer vrijkomt, waardoor het vlees beter gaat smaken.

Een bekent Westers grapje, dat het eetpatroon van mensen uit China goed weergeeft, is dat Chinezen alles opeten wat vier poten heeft, alleen de eettafel laten ze staan.

Elk jaar worden er tijdens het festival in Yulin, dat tien dagen duurt, z'n duizend honden per dag gekookt, gebakken of geroosterd. Jaarlijks worden er in het land van de reizende zon ongeveer elf miljoen honden verorberd. En dat gebeurt nu al z'n vierduizend jaar, want de Chinezen geloven er heilig in dat het eten van hondenvlees goed is voor de algehele gezondheid. Het zou ook de boze geesten verjagen en werken tegen impotentie bij mannen.

Het muntje neigt de laatste jaren overigens weer meer naar de andere zijde te vallen, ten gunste van de dieren. Veel Chinezen zitten door economische veranderingen, zoals de een-kind-politiek en arbeidsmigratie, namelijk alleen thuis en zoeken gezelschap bij een huisdier. Hierdoor worden de dieren weer belangrijker en worden ze ook weer meer als volwaardig aangezien.

In sommige gevallen slaat men ook hierin weer volledig door. Zo bestaat er in verschillende Chinese steden al de mogelijkheid om je trouwe viervoeter naar een speciale schoonheidssalon te sturen, is er speciale *high fashion* kleding voor de viervoeters verkrijgbaar, of kan het dier een acupunctuurbehandeling krijgen, maar dat is altijd nog beter dan het beestje op te eten.

Kattenvlees op het menu

Ook in Vietnam is men verzot op honden- en kattenvlees, maar hier zijn het toch voornamelijk de katten die massaal gegeten worden. Jaarlijks worden er in dit Aziatische land ruim een miljoen katten verorberd. De Vietnamese stad Thai Binh geniet landelijke bekendheid als de plek waar de meeste restaurants die kattenvlees serveren te vinden zijn.

Het consumeren van kattenvlees is een oude traditie in Vietnam. Vroeger gebeurde het uit pure armoede, omdat de gerechten erg goedkoop waren. Tegenwoordig is men ervan overtuigd dat het eten van kat of *Little Tiger*, zoals het gerecht plaatselijk ook wel genoemd wordt, het levensgeluk van de Vietnamezen kan bevorderen.

Daar komt dan ook nog eens bij dat het een zeer lucratieve handel blijkt te zijn, een kilo kattenvlees moet ergens tussen de tien en twintig euro opbrengen. Als u dan bedenkt dat verreweg de meeste katten illegaal worden weggenomen van de straat, is dat voor de handelaren dus pure winst.

Het eten van kattenvlees is in Vietnam zelfs zo populair, dat er honderden katten over de grens vanuit Laos en China het land binnen worden gesmokkeld. De dieren worden onder erbarmelijke omstandigheden vervoerd. Dicht op elkaar gepropt in kleine bamboe kooien, die vervolgens weer op een grote vrachtwagen worden gestapeld. Een urenlange reis in de brandende zon zonder enige beschutting, water of voedsel.

Een ware martelgang, waarbij een aantal dieren al bij voorbaat het leven laat en dan te bedenken dat dit nog maar het begin van alle ellende is. Eenmaal op de plaats van bestemming worden de katten wederom opgesloten in, boven op elkaar gestapelde, zeer krappe kooitjes.

Wanneer een klant van het restaurant een maaltijd kattenvlees bestelt, wordt het slachtoffer ter plekke levend gevild en geroosterd, waarbij het gekrijs soms drie straten verderop nog te horen is.

Het meest bizarre van dit hele verhaal is nog wel het feit dat het eten van kattenvlees al geruime tijd is verboden in Vietnam, maar dat de meest trouwe klanten van de restaurants in kwestie vooral rijke mensen zoals advocaten, directeuren en overheidsambtenaren schijnen te zijn, waarvoor de restauranteigenaar graag een uitzondering maakt.

Het eten van kat of hond is natuurlijk net zo erg als het eten van kip, varken of konijn, maar de honden en katten die in Zuidoost-Azië worden gevangen voor consumptie worden, zoals ik al eerder vertelde, ook nog eens op een zeer brute wijze behandeld en belanden niet zelden levend in de frituurpan.

Het levend koken of frituren van dieren gebeurt in China omdat de consument zo kan zien dat het gerecht nog kakelvers is en omdat het vlees dan beter zou smaken door bepaalde stoffen die in het lichaam vrijkomen door stress en angst. Hoe wreed kunnen mensen zijn?

Ook hier snap ik als vertegenwoordiger van de dieren weer helemaal niets van. Gelukkig gaat het heel langzaam de goede kant op. Katten worden ook in Vietnam steeds meer gezien als huisdier in plaats van een gerecht op de menukaart en dat is een goede ontwikkeling.

Soms val ik bijna van mijn tak van verbazing als mij weer zoiets bizars ter ore komt. Maar goed, tot slot zou ik graag alle mensen die ook maar iets om dieren geven willen vragen ze niet meer op te eten of ... in ieder geval daarover na te denken.

15
AMBER HET KONIJN

De afgelopen week heb ik een anonieme tip gekregen uit de konijnenhouderij. Anoniem omdat de tipgever/tipgeefster bang is voor represailles. Niet geheel onterecht, want ik heb in het verleden helaas wel vaker meegemaakt dat rebellerende of opstandige dieren flink gestraft werden voor hun loslippigheid, soms zelfs met de dood tot gevolg. Dus ik begrijp deze angst volkomen.

Vooraf eerst maar weer even wat cijfertjes om een en ander helder te krijgen. Nederland telt momenteel nog ongeveer eenenveertig locaties waar konijnen worden gehouden. Per jaar worden er hier zo'n 380.000 konijnen geslacht, waarvan verreweg de meeste bij mensen op het bord belanden als hoofdgerecht van het kerstmenu. Verder staat konijn in Nederland praktisch niet meer op het menu.

Bij onze zuiderburen wordt echter nog wel regelmatig konijn gegeten. Een klassiek Belgisch gerecht uit grootmoeders tijd is bijvoorbeeld konijn met pruimen. In Nederland worden jaarlijks nog zo'n twee miljoen konijnen gefokt. Verreweg de meeste konijnen die hier gefokt worden, gaan dan ook op transport richting België.

Nederland en België zijn samen goed voor een productie van 4,4 miljoen vleeskonijnen. Als we vervolgens naar Europa kijken, hebben we het al over z'n honderdtachtig miljoen konijnen, uitsluitend bestemd voor de consumptie. Dit vind ik toch wel zeer verontrustende cijfers, om u de waarheid te zeggen.

Helaas ben ik nog niet zo goed op de hoogte van wat er zich allemaal precies in de konijnenhouderij afspeelt, maar ik hoop dat daar na vandaag verandering in komt. Ik heb echter al meerdere verontruste signalen opgevangen uit deze branche, dus we gaan er maar eens een kijkje nemen.

Het is zover, vandaag breng ik een onaangekondigd bezoek aan een konijnenhouderij in het midden van het land. Niemand is op de hoogte van mijn bezoek, dus dat maakt het allemaal extra spannend. Ik ben in ieder geval reuze benieuwd wat deze dag ons weer zal brengen.

Bij aankomst merk ik al snel dat mijn bezoekje door de bewoners over het algemeen erg wordt gewaardeerd. Als ik zo eens wat om me heen kijk in de schuur, schrik ik eigenlijk best wel een beetje. Honderden witte konijnen zitten opeengepakt in veel te kleine stalen kooitjes. Deze arme stumpers hebben welgeteld 0,4 vierkante meter tot hun beschikking en die ruimte moeten ze dan vaak ook nog eens met z'n drieën of vieren delen.

De hoogte van de hokken is zestig centimeter, zodat ze in ieder geval nog net rechtop kunnen gaan staan als ze dat willen. Enige bewegingsruimte is er dus nauwelijks. En hoewel het hier met de hygiëne nog wel redelijk is gesteld, zou ik er het liefst zo snel mogelijk weer willen vertrekken.

Ik weet niet goed hoe ik het precies onder woorden moet brengen, maar er hangt een ietwat bedompte, droevige sfeer. Eerlijkheid gebiedt mij overigens ook te melden dat er achter in de ruimte nog een aantal rennen zijn waar de konijnen beduidend meer ruimte hebben dan in de rest van de hokken, deze zijn speciaal bedoeld voor de drachtige voedsters.

Als ik een rondje langs de hokken maak en nog eens wat beter om me heen kijk, lijkt het allemaal toch erger te zijn dan het in eerste instantie leek. Veel dieren zien er slecht uit, hebben ontstoken ogen en wondjes aan hun poten omdat ze de godganse dag op een roostervloer moeten staan.

Ook gieren er diverse infectieziekten door de schuur, zoals *Encephalitozoon cuniculi*, een bekende aandoening onder konijnen die overgebracht wordt door een parasiet. Deze parasiet vestigt zich meestal in de nieren, longen, de hartspier en de hersenen. Hierdoor ontstaan allerlei neurologische problemen en verlammingsverschijnselen.

Nog een sluipmoordenaar onder konijnen is de relatief nieuwe virusvariant RHD2, ook wel *Rabbit Haemorrhagic Disease* (RHD) genoemd. Dit virus is afkomstig uit Frankrijk en zeer besmettelijk. Dieren die hiermee in aanraking komen, sterven meestal binnen enkele dagen.

Een andere nare bacteriële ziekte onder vleeskonijnen die toevallig ook zijn oorsprong in Frankrijk heeft is *Enterocolitis*, ook wel dikkebuikenziekte genoemd. Het wordt zo genoemd omdat de bacterie zich in de blinde darm nestelt, waardoor er een soort blindedarmontsteking kan ontstaan. Doordat er vervolgens gasvorming ontstaat, krijgen de patiënten dus een opgezwollen buik.

Myxomatose is misschien wel de bekendste konijnenziekten van allemaal. Het is een zeer besmettelijke virusziekte onder konijnen die overgebracht wordt door muggen en vlooien. Het *myxomavirus* behoort tot de pokkenvirussen. Voorheen was het zo dat als enkele leden van een konijnenpopulatie eenmaal waren besmet, 90% van de kolonie binnen enkele dagen zou sterven.

De symptomen van het oorspronkelijke huiveringwekkende ziektebeeld waren niet mals. De arme drommels kregen massaal tumoren op en rond hun kop en ernstig ontstoken ogen, wat al snel kon leiden tot blindheid. Verder kregen ze koorts, hadden geen energie meer en verloren hun eetlust. In de loop der tijd heeft het myxomavirus zich gemuteerd naar een mildere vorm. De verschijnselen zijn een stuk minder heftig en de ziekte is nu ook minder dodelijk. Myxomatose treft voornamelijk wilde konijnen.

Er doet een verhaal de ronde dat een Franse arts, dr. Paul Armand Delille, het virus in 1952 opzettelijk vanuit zijn lab verspreidde, omdat hij de konijnenpopulatie op zijn landgoed wilde verkleinen. Deze actie liep echter volledig uit de hand, waardoor binnen enkele jaren het gehele Europese continent was besmet.

Een jaar later, in 1953, werd ook de Britse konijnenpopulatie opzettelijk besmet met dit virus, waarna 99% van alle konijnen in het land stierven. Gelukkig heeft de populatie zich toch nog weten te herstellen. Het jaar daarop herhaalde de geschiedenis zich nogmaals, maar nu in Ierland. Men wreef Ierse konijnen in met huid van een besmet, dood Brits konijn. Resultaat: binnen enkele jaren was de gehele Ierse konijnenpopulatie besmet. Weer zo'n bizar voorbeeld van de nimmer aflatende geldingsdrang der mensheid, maar dit terzijde.

De bereidwilligheid onder de bewoners in de stal om te praten is helaas bijzonder klein. Bang als ze zijn voor represailles die ongetwijfeld zullen volgen, en dat begrijp ik helemaal. Maar na enige aandringen weet ik toch nog iemand zover te krijgen haar ongenoegen met mij in een vertrouwelijk gesprek te willen delen. Degene die het aandurft, is een jonge voedster die luistert naar de naam Amber.

Vrouwelijke konijnen worden vanaf enkele dagen voor hun eerste worp voedsters genoemd. Omdat Amber binnenkort gaat bevallen, zit ze nu dus alleen in een iets ruimer hok met zaagsel op de bodem, zodat ze een warm nestje kan maken voor haar jongen die straks ter wereld zullen komen. Dit geeft ons tevens de kans om even rustig onder vier ogen met elkaar te kunnen praten.

'Leuk je eens in levende lijve te mogen ontmoeten, Gardolf,' begint Amber. 'Ik heb al veel over je gehoord en vind het dan ook een eer je een en ander te kunnen vertellen over hoe het er hier allemaal aan toe gaat. Verwacht echter geen hosannaverhalen van mij, want die zijn aan ons niet besteed. Het is eerder kommer en kwel dat hier dagelijks de klok slaat, ik kan het helaas echt niet mooier maken dan het is. Waar zal ik beginnen,' vraagt Amber zich hardop af.

'Laat ik eens positief beginnen. Lang geleden, in de jaren negentig van de vorige eeuw, waren er in Nederland circa driehonderd konijnenfokkerijen actief. In het jaar 2000 was dat aantal al met honderd afgenomen en in 2018 waren het er nog maar zevenenveertig. Dat is natuurlijk best wel een spectaculaire daling. Een minpuntje is echter dat het aantal dieren per bedrijf juist weer aanzienlijk is gestegen.

Het aantal konijnenfokkerijen blijft dus gestaag afnemen en dat is een goede ontwikkeling, maar het was natuurlijk veel beter geweest als er helemaal geen konijnen meer zouden worden gefokt door mensen. Elk konijn dat wordt opgesloten en geslacht voor consumptie door mensen is er immers een te veel, zeg ik altijd maar.

Neem nou bijvoorbeeld de levensverwachting van al deze konijnen hier. Normaalgesproken kunnen konijnen die in de vrije natuur leven een leeftijd van acht jaar bereiken. Wij worden vanaf onze geboorte vetgemest en vervolgens na tien weken geslacht, om dan tijdens de kerstdagen bij de mensen thuis als kadaver op tafel te verschijnen. Dat kun je, met de beste wil van de wereld, toch niet echt een prettig leven noemen, hè Gardolf?'

'Nee Amber, zeker niet,' antwoord ik wederom met een brok in mijn keel.

'Ja, en dat geldt natuurlijk niet alleen voor ons hier, maar voor de gehele konijnenhouderij. We zitten namelijk allemaal in hetzelfde schuitje. Konijnen zijn normaalgesproken erg sociale dieren die het liefst in groepsverband leven. In de vrije natuur bouwen we meestal een burcht die onderdak biedt aan verschillende families.

Een konijnenburcht is een heuvel met een complex ondergronds gangenstelsel. Elke gang van de burcht komt weer uit in een andere kamer. Zo zijn er speciale kraamkamers, een overwinterkamer, een familiekamer, een voedselopslagkamer, een slaapkamer en jawel zelfs een heuse vergaderkamer.

Hier hebben we al die luxe niet. Er is in deze stal geen enkele mogelijkheid om je eens even terug te trekken om tot jezelf te komen. We zitten hier 24/7 boven op elkaars lip, daar is geen ontkomen aan. Zoiets wekt bij veel dieren natuurlijk de nodige spanningen en irritaties op. Daardoor breken er regelmatig schermutselingen uit in de hokken. Schermutselingen die dikwijls ontaarden in serieuze vechtpartijen met alle gevolgen van dien.

Dikwijls zie je dan ook konijnen met nare open wonden. Soms zijn er zelfs dieren die een deel van hun oor of een heel oor moeten missen, omdat dat er tijdens onderlinge vechtpartijtjes door andere konijnen uit pure nijd is afgebeten. Door de matige hygiënische omstandigheden in de ruimte is de kans groot dat dit soort bijtwonden gaan ontsteken en dan gaat het al snel van kwaad tot erger.

De rammen (mannetjes) worden over het algemeen apart gehouden van de voedsters (vrouwtjes). Maar zodra een vrouwtjeskonijn haar jongen heeft geworpen, worden ze binnen tien dagen weer bezwangerd door een van de hitsige mannetjes die speciaal voor dat doel bij haar wordt geplaatst. En zo gaat het maar door, Gardolf,' moppert Amber.

'Ik voel me hierdoor soms net een soort broedmachine. En het eten dat we hier voorgeschoteld krijgen, is ook al niet echt om over naar huis te schrijven. Ons menu bestaat voornamelijk uit droge korrels van bietenpulp, sojaschroot, zonnebloempitten en zemelen. Alles om onze groei maar zo veel mogelijk te bevorderen, maar blij word je er niet van. Een enorm verschil met de mensen die zich tijdens de feestdagen te buiten gaan aan het kerstdiner.

Ja Gardolf, het valt allemaal niet mee om als vleeskonijn door het leven te moeten. We worden hier van alle kanten uitgeknepen. Die kleine dreumesen van mij worden straks binnen tien weken vetgemest en vervolgens linea recta afgevoerd naar het slachthuis. In hun korte leventje zien ze nooit de zon, kunnen ze nimmer met hun broertjes en zusjes door het hoge gras huppelen of een holletje graven.

Wij moeders krijgen ook nauwelijks de tijd om een band met onze kleintjes op te bouwen, terwijl dat toch essentieel voor ze is. Konijnen hechten namelijk veel waarde aan goede familiebanden. Al die ontberingen die we moeten ondergaan, en waarvoor, Gardolf? Enkel en alleen omdat sommige mensen het lekker vinden om met kerst een stuk konijnenbout op tafel te hebben.

Wat veel mensen niet eens weten, is dat verreweg de meeste vleeskonijnen hier in Nederland enkel vetgemest worden om vervolgens te worden geëxporteerd naar het buitenland. Het voelt bijna als een soort gedwongen deportatie van onze bloedeigen familie en vrienden. Ik realiseer me dat dit bij sommige mensen nogal gevoelig kan liggen, maar wij konijnen ervaren dat werkelijk zo. Maar het is helaas zoals het is, mooier kunnen we het echt niet maken.'

Ik kan niet anders dan Amber gelijk te geven. De feiten spreken helaas voor zich. Maar het kan nog veel gekker. Ik heb ook eens gehoord dat er rond de kerstdagen goedkope (kerst)konijnen uit China en Oost-Europa worden geïmporteerd om de prijs te drukken en aan de grote vraag van de kerst-hysterie te kunnen voldoen.

Amber vervolgt: 'Pas sinds 2006 zijn er bepaalde regels voor konijnenhouders in het leven geroepen. Voor die tijd waren we dus helemaal aan de goden overgeleverd, om het zo maar even te zeggen. Dat neemt overigens niet weg dat ondanks alle nieuwe welzijnsregels nog steeds 25% van de dieren hier voortijdig uitvalt, overlijdt, door diversen nare ziektes en bacteriële ontstekingen. De konijnenhouder calculeert dit uitvalspercentage gewoon in. Met andere woorden, hij houdt er dus al vooraf rekening mee dat er dieren zullen uitvallen.'

'Nou dat is me nogal wat, Amber. Dat zou dus betekenen dat van elke honderd konijnen er vijfentwintig al zullen sterven voordat ze überhaupt geslacht worden.'

'Ja, dat klopt inderdaad, Gardolf. En mede daarom worden we volgespoten met antibiotica en allerlei andere schadelijke medicamenten, die de mensen dan uiteindelijk zelf ook weer binnen krijgen na consumptie van broer of zus konijn. De konijnenboer probeert er over het algemeen alles aan te doen om zich zo goed mogelijk aan de opgelegde welzijnsnormen te houden, zoals welzijnshokken en familiehokken.

Dat klinkt allemaal heel mooi natuurlijk, maar wij worden er per saldo niet of nauwelijks beter van, Gardolf. Oké, we hebben hierdoor misschien iets meer ruimte gekregen, maar daar houdt het voor ons dan ook wel mee op. Nee, het is hoofdzakelijk in het belang van de boer zelf. Als hij zich namelijk aan bepaalde welzijnsrichtlijnen houdt, kan hij ons simpelweg voor een hogere prijs verkopen.

Konijnenhouders verdienen ongeveer tussen de 4,50 en 7 euro per konijn en soms dus iets extra's, omdat we zogenaamd een beter leven hebben genoten. We krijgen dan een soort Beter Leven keurmerk opgeplakt. Nou, ik kan bij deze melden dat het dus allemaal fabeltjes zijn. Niets beter leven. Wij horen hier überhaupt al helemaal niet te zitten en hebben pas echt een beter leven als we dat in volledige vrijheid kunnen leven.'

Voor het eerst sinds het begin van ons gesprek bemerk ik een bepaalde felheid bij Amber. Als ze praat, is het bijna alsof haar ogen vonken. Ze is zichtbaar geëmotioneerd en dat kan ik heel goed begrijpen. Het is ook niet niks wat deze dieren hier allemaal moeten doorstaan.

Ons gesprek loopt zo'n beetje op zijn einde. Eigenlijk heb ik wel het idee dat Amber haar punt heeft gemaakt. Ik ben nu een stuk beter geïnformeerd over hoe het er in deze sector z'n beetje aan toe gaat en ik ben blij dat ik in de gelegenheid verkeer dit met de mensen te kunnen delen. Enigszins geëmotioneerd nemen we afscheid van elkaar en vraag ik mezelf vrijwel direct af of ik haar ooit nog eens zal zien, wat me gezien de huidige leefomstandigheden hier overigens zeer onwaarschijnlijk lijkt. Het was een open en eerlijk gesprek en ik bewonder haar moed dat ze als enige haar verhaal aan mij durfde te doen.

Na nog een allerlaatste rondje door de schuur te hebben gedaan en de hele situatie nog eens goed in me te hebben opgenomen, vertrek ik weer richting de oude eik in het grote bos. En wederom staat het huilen mij nader dan het lachen. Wat ik vandaag allemaal weer heb gezien en gehoord van Amber, stemt mij opnieuw erg droevig.

Voorafgaande aan dit bezoek had ik echt geen idee wat me te wachten stond, maar ik was wel al op het ergste voorbereid. Nu het bezoek eenmaal achter de rug is, blijken mijn ergste vermoedens toch weer uit te zijn gekomen. En dan moet ik er eerlijkheidshalve ook nog bij vertellen dat wanneer je het ter plekke allemaal live voor je ogen ziet gebeuren, dit veel heftiger binnenkomt dan dat ik het ooit zou kunnen vertellen. Je hoort het gekerm van de slachtoffers. Je ruikt hun angst, je voelt hun verdriet. Al je sensoren maken kennis met de ellende die je om je heen ervaart. En dat maakt diepe indruk, kan ik u vertellen.

U zult begrijpen dat ik nu even wat tijd voor mezelf nodig heb om hetgeen ik vandaag, en tijdens al die andere bezoekjes, allemaal gezien en gehoord heb, te laten bezinken en te verwerken.

Ik hoop van harte dat de boodschap van Amber overkomt, zodat onze ontmoeting niet voor niets is geweest. En nogmaals, dit is hoe het er nu nog steeds bij veel bedrijven aan toe gaat. En dan moet ik u ook nog eens bekennen dat het voor mij volstrekt onduidelijk is hoe de miljoenen dieren in andere, meer gesloten landen in de wereld, er op dit ogenblik aan toe zijn. Daar wil ik eigenlijk niet eens over nadenken. Maar ik vrees met grote vrezen.

NAWOORD VAN GARDOLF

Eigenlijk zou ik graag eindigen met iets positiefs. Met de conclusie dat mensen en dieren op een perfecte manier met elkaar samenwerken. Dat zou een mooie afsluiting van mijn verslag kunnen zijn, maar ik moet u tot mijn grote spijt bekennen dat ik de afgelopen tijd geen concrete voorbeelden van zo'n ideale samenwerking ben tegengekomen. Ik heb er serieus over nagedacht, maar er popt werkelijk niets op, hoe graag ik het ook zou willen.

Elke keer als ik van een 'werkbezoek' huiswaarts keerde, bekroop mij een naar gevoel. Een gevoel van medelijden met de slachtoffers, onmacht en frustratie dat ik niet bij machte ben de situatie waarin de slachtoffers zich bevinden te veranderen. Maar ik ben ook teleurgesteld en verdrietig om het feit dat de relatie tussen mensen en dieren maar niet verbetert.

En dat is zonde, want we hebben elkaar gewoon hard nodig. We hebben elkaar zoveel te bieden, maar vooralsnog is het bijna uitsluitend eenrichtingsverkeer. Als uw gevederde raadsheer zie ik dit allemaal met lede ogen aan. Ik zou er zo graag iets aan willen veranderen, maar ik kan alleen maar de boodschap die de dieren mij meegeven bij de mensen neerleggen, in de hoop dat die er snel iets mee zullen gaan doen.

Samenwerkingsverbanden

Dieren kunnen mensen namelijk met veel dingen helpen en vice versa. Er zijn genoeg voorbeelden waarbij je ziet dat een goede samenwerking tussen mens en dier voor beide partijen een win-winsituatie kan opleveren. Denk bijvoorbeeld maar aan de honingbij en de imker. Deze kleine diertjes bestuiven onder andere de landbouwgewassen en zorgen er zo voor dat de boeren elk jaar een rijke oogst binnen kunnen halen. Daarnaast produceren de bijen ook nog eens helemaal gratis en voor niets heerlijke honing voor de mensen.

Een ander mooi voorbeeld van een goede samenwerking is die tussen de mens en zijn trouwe viervoeter de hond. Al decennialang trekken zij min of meer samen op, waardoor er in veel gevallen een innige band ontstaat tussen de hond en zijn baas. Niet zelden wordt de hond daarom al snel beschouwd als een volwaardig lid van het gezin, inclusief alle bijbehorende privileges. Het nieuwe gezinslid belooft op zijn of haar beurt plechtig eeuwige trouw (tot de dood hen scheidt) aan het baasje. Ook een win-winsituatie, zou ik zeggen.

Aan deze innige band tussen mens en dier kleven nog meer voordelen, zo zijn honden ook in te zetten om blinden te begeleiden, om personen of spullen (terug) te vinden, om de politie bij te staan, als waakhond of om mensen met bepaalde mentale of fysieke aandoeningen te ondersteunen. Met name dit laatste punt wordt nog steeds erg onderschat door de mens.

Omdat dieren veel meer op hun instinct en gevoel afgaan en niet zo'n complex brein hebben als de mens, zijn ze veel sensitiever dan mensen. Daardoor voelen ze veel eerder bepaalde blokkades aan en kunnen zodoende veel betekenen voor mensen met trauma's of andere mentale problemen. Ook paarden kunnen in dit verband wonderen verrichten bij mensen met een mentale aandoening. Mits het dier natuurlijk ook door de persoon in kwestie met de nodige rust en respect wordt benaderd.

In de tuinbouw zijn al eerder verschillende succesvolle samenwerkingsverbanden gesloten. Tuinbouwers noemen dit met een mooi woord biologische gewasbescherming. Zo hebben veel tuinders last van de witte vlieg in hun kassen. Dit insect kan ernstige schade aan het gewas toebrengen en zorgen voor een slechte oogst. Een natuurlijke vijand van de witte vlieg is de sluipwesp.

De tuinder kan de witte vlieg te lijf gaan met allerlei schadelijke bestrijdingsmiddelen, maar dat is niet meer van deze tijd. Tegenwoordig probeert men het kwaad liever op een biologische, milieuvriendelijke manier te bestrijden. Daarom wordt de hulp van de sluipwesp ingezet. Deze sluipwespen eten de larven van de witte vlieg en leggen bovendien hun eitjes in de pop van de het vliegje. Zodoende komen er dus jonge sluipwespjes uit de pop van de witte vlieg en ontstaat er een mooi natuurlijk evenwicht, waarbij ook het gewas van de tuinder nauwelijks nog schade oploopt.

Ook voor de bestrijding van bladluis wordt de sluipwesp ingezet. Het gaat hier echter om een ander soort sluipwesp waarvan de larven zich weer voeden met bladluizen, die ernstige schade kunnen veroorzaken aan diverse tuinbouwgewassen. Een win-winsituatie. Tuinder blij, sluipwesp blij, bladluis weg en geen schade aan het gewas.

Veel dieren zijn dus heus wel bereid om met mensen samen te werken, zolang ze maar op een gelijkwaardige manier behandeld worden. Dat kunt u met een gerust hart van mij aannemen.

Tussen verschillende groepen dieren bestaan er eveneens allerlei vormen van samenwerking. Zo weet ik bijvoorbeeld dat de poetsvis de huid en bek van verschillende soorten haaien reinigt. De haai wordt zo bevrijd van zijn parasieten en de poetsvis geniet van een lekker maaltje onder de bescherming van zijn gastheer.

Een ander succesvol koppel zijn de honingdas en de honingspeurder. De honingdas, zoals de naam al suggereert, is gek op honing, evenals het vogeltje, de honingspeurder. Het vogeltje kan in korte tijd een flink gebied afspeuren waar mogelijk honing te vinden is, terwijl de das daarin natuurlijk veel minder efficiënt is. Heeft het vogeltje eenmaal een bijennest gevonden, dan waarschuwt het een das en leidt hem naar de honing. De das rooft de honing uit het nest zonder dat hij bang hoeft te zijn voor de agressief geworden bijen, omdat zijn dikke huid hem daartegen beschermd. Als dank laat hij vervolgens een deel van de buit voor de honingspeurder achter.

Tenslotte zijn er natuurlijk ook nog legio voorbeelden van samenwerkingsverbanden tussen dieren van een en dezelfde soort. Denk daarbij maar aan grote scholen vissen, kuddes gnoes, roedels wolven, een kudde buffels, een kolonie mieren of zwermen spreeuwen. Al deze dieren werken onderling samen om zo het individu binnen de groep te beschermen of juist op een zo efficiënt mogelijke manier een prooi te bejagen.

Een goede samenwerking met dieren is dus wel degelijk mogelijk. Waarom lukt het de mensen dan nog steeds niet om met ons samen te werken? Aan ons (de dieren) zal het zeker niet liggen. Zolang wij met respect en waardigheid worden behandeld, staan we overal voor open. Te vaak gaat het echter nog mis en de grootste boosdoener hierin is naar mijn mening toch altijd weer dat rotgeld. Bij de mensen draait zo ongeveer alles om deze waardevolle papiertjes.

En daarbij gaat men soms letterlijk over (dieren)lijken. Kijk bijvoorbeeld maar naar het verhaal van Fret de nerts. Er zijn miljoenen van deze diertjes over de klif gejaagd en waarvoor? Enkel voor die paar mensen die het nog steeds nodig vinden om in een bontjas rond te lopen. Schandalig! Of het gesprek dat ik had met Frouke, het varken op de varkensboerderij van boer Gert. Stuk voor stuk schrijnende verhalen, waarbij er steeds maar weer één duidelijke verliezer is, en dat zijn keer op keer de dieren.

Voor de laatste keer hier dan nog maar weer eens wat schokkende cijfers die de ernst van de hele situatie goed weergeven, denk ik.

Dit is een klein land met een relatief grote veestapel. Er worden hier in Nederland zeshonderd miljoen kippen per jaar geslacht, dat zijn er dus op jaarbasis zesendertig per Nederlander. Het merendeel hiervan is overigens voor de export bedoeld, wat dit land gelijk een van de grootste exporteurs van vleeskippen in de wereld maakt.

Nederland is tevens een van de grootste exporteurs als het gaat om varkensvlees, met zo'n kleine tien miljoen biggen per jaar. Ook kalveren worden massaal aan het buitenland versleten. De grootste afnemers zijn Italië, Frankrijk en Duitsland.

Wereldwijd worden er jaarlijks ongeveer vijfenzeventig miljard dieren door de mens gedood voor consumptie, waarvan alleen al zestig miljard kippen, 1,5 miljard varkens en zo'n driehonderdvijftig miljoen runderen. Per seconde hebben we het dan over 1.585 onschuldige dieren die wereldwijd door de mens gedood worden. Uit de oceanen worden jaarlijks alleen al honderd miljoen haaien gevist, samen met nog eens ontelbare andere zeewezens. Dit cijfer loopt waarschijnlijk in de triljoenen; cijfers die bijna niet meer te bevatten zijn.

Ik ben ervan overtuigd dat er vandaag de dag wereldwijd nog steeds talloze dieren onder zeer miserabele omstandigheden moeten leven. Zelfs hier in Europa hebben veel landen hun zaakjes op het gebied van dierenwelzijn vaak nog niet goed geregeld en is er nog veel verborgen dierenleed dat onder de radar blijft. Er zouden, naar mijn bescheiden mening, daarom door de mens op internationaal niveau goede afspraken gemaakt moeten worden omtrent dierenwelzijn die bindend zijn voor alle landen.

De wil om te veranderen is er in veel gevallen al wel, maar de druk zou hier en daar nog wat verder opgevoerd kunnen worden. Eigenlijk zouden dierenrechten gewoon moeten worden opgenomen in de grondwet. Dieren hebben immers ook rechten en die zouden beter beschermd moeten worden, vindt uw gevederde raadsheer.

Een ander zeer verontrustend feit is dat er elk uur drie diersoorten uitsterven. Dit trieste feit kan deels ook weer op het conto van de mensheid worden bijgeschreven.

En dan nog even dit, tegenover elke wereldburger zitten er minimaal drie dieren opgesloten achter tralies in kooien en hokken, in vistanks, in omheinde verblijven en Joost mag weten waar nog meer allemaal.

De nieuwe generatie mensen zou het als haar plicht moeten gaan beschouwen om het verstoorde evenwicht tussen mens en dier weer in evenwicht te brengen, en dan bedoel ik vooral de excessen in deze relatie. Perfect zal het misschien wel nooit worden, maar sommige zaken zoals de bio-industrie, de bontindustrie, vivisectie, plezierjacht, overbevissing van de oceanen en dieren in de entertainmentindustrie kunnen vandaag de dag echt niet meer.

Dat is natuurlijk ook in hun eigen belang, want als de mens nog enige tijd op deze manier doorgaat, zijn in mum van tijd de oceanen leeggevist en de regenwouden verdwenen. En daar is natuurlijk helemaal niemand bij gebaat.

Ik hoop overigens niet dat ik nu als een ouwe zeurkous overkom, want dat ben ik eigenlijk helemaal niet, maar het is gewoon heel belangrijk dat iedereen weet dat het tijd is voor verandering. En daarom kan ik het niet vaak genoeg herhalen. Het moment is nu daar om het radicaal anders te gaan doen.

Misschien moeten mensen zichzelf eens wat vaker proberen te verplaatsen in de penibele situatie van een van de vele slachtoffers in bijvoorbeeld de bio-industrie en zich vervolgens afvragen: hoe zou ik hiermee omgaan? De mensen hebben daar een mooi spreekwoord voor bedacht dat luidt: wat gij niet wilt dat u geschiedt, doe dat ook een ander (de dieren) niet.

Tot slot hoop ik van harte dat alle verhalen die de dieren mij min of meer in goed vertrouwen hebben verteld, bij de mensen aan zullen komen. En dat niet alleen, maar ook dat ze er iets mee zullen gaan doen. Dat ze dieren vanaf heden met respect en waardigheid zullen benaderen en behandelen. En niet, zoals nu nog vaak het geval is, ons enkel als product of als handelswaar zien. Wij zijn namelijk geen producten, maar levende wezens met gevoel. Wij ervaren angst, pijn, stress en verdriet, maar we kennen eveneens momenten van geluk, blijdschap en euforie.

Hoe mooi zou het zijn als in de nabije toekomst de oceanen weer vol met vis zullen zitten en er geen plastic troep in ronddrijft. Hoe mooi zou het zijn als het regenwoud de wereld van voldoende zuurstof kan blijven voorzien. Hoe mooi zou het zijn als mens en dier elkaar zouden aanvullen en helpen, in plaats van tegenwerken, zoals dat nu nog regelmatig gebeurt.

Het is nog niet te laat, maar het is inmiddels al wel twee voor twaalf. De tijd dringt. Als de mensen dit moment niet aangrijpen om een drastische verandering in gang te zetten, voorzie ik een zeer somber toekomstscenario. Dan zullen er voor toekomstige generaties mogelijk geen regenwouden meer bestaan. Er zullen geen vissen meer in de wereldzeeën zwemmen, vele diersoorten zullen uitsterven en de wereld zal verzanden in een koude, kille en troosteloze plek.

Dat is natuurlijk niet de bedoeling en daarom hoop ik oprecht dat het nooit zover zal komen. Bij deze zou ik dan ook eenieder willen oproepen deel te nemen aan de (nieuwe) generatie mensen die zich verzetten tegen het misbruik van dieren, op wat voor manier dan ook.

Dank voor alle aandacht en wellicht tot een volgende keer.

Uw gevederde raadsheer,

Gardolf de uil

BRONNEN

Dierenwelzijnsorganisaties

Animals Asia – dierenwelzijnsorganisatie die zich voornamelijk inzet voor beren in de galindustrie in Zuidoost-Azië.

Wildlife Friends Foundation – initiatief van de Nederlander Edwin Wiek, die in Thailand een opvang voor wilde dieren heeft opgezet.

Vegan Strike Group – deze organisatie maakt zich onder andere hard voor een verbod op de konijnenhouderij, het stierenvechten en dolfijnen in gevangenschap.

Animal Rights – dierenrechtensorganisatie die zich vooral richt op de bio-industrie, de jacht, de bontindustrie en vivisectie in Nederland en België.

PETA – Amerikaanse organisatie die zich wereldwijd inzet voor de rechten van dieren.

Viervoeters – internationale organisatie die opkomt voor dieren in nood.

World Animal Protection – door de Nederlandse dr. mr. Wim Hugenholtz opgerichte internationale dierenbeschermingsorganisatie.

Wakker Dier – Nederlandse organisatie die strijdt tegen de bio-industrie.

Brooke Hospital For Animals – internationale ziekenboeg voor paarden en ezels.

Wereld Natuur Fonds – internationale organisatie die de mensen weer wil verbinden met de natuur.

Stichting AAP - Nederlandse dierenopvang, voornamelijk voor exotische dieren in nood.

Bite Back - Belgisch-Nederlandse actiegroep die opkomt voort de rechten, de noden en het welzijn van dieren.

Animal Save Movement - internationale organisatie die aandacht vraagt voor dieren in nood door middel van confronterende beelden uit de bio-industrie.

Sea Shepherd - Canadese organisatie (in 1977 opgericht door Paul Watson) die vecht tegen de walvisvangst en overbevissing van de oceanen.

Animal Care International - internationale organisatie die streeft naar bewustwording van al het leed dat de mens dieren aandoet in deze wereld.

CAS International (Comité Anti Stierenvechten) - vecht al vele jaren tegen het stierenvechten in verschillende landen.

Stichting De Leemweg (koeienrusthuis) - dit is een plek waar koeien terechtkunnen die afgeschreven zijn voor de melkproductie en rijp zijn voor de slacht, om er te genieten van een welverdiende oude dag.

Documentaires

Dominion - Australische documentaire uit 2018 van Chris Delforce. De film schetst een aangrijpend beeld over de duistere kant van de bio-industrie.

Meat The Truth - klimaatfilm uit 2007, geproduceerd door de Nicolaas G. Pierson Foundation in samenwerking met Pamela Anderson. Presentatie Marianne Thieme.

Earthlings - Amerikaanse documentaire uit 2005 van Shaun Monson met medewerking van Joaquin Phoenix. Over hoe de mens met dieren omgaat ten behoeven van de bio-industrie, de bontindustrie, de entertainmentindustrie en de vivisectie.

Cowspiracy - Amerikaanse documentaire uit 2014 van Kip Andersen en Keegan Kuhn over de impact die de veeteelt op de aarde heeft en wat we daaraan kunnen doen.

Sea The Truth - documentaire uit 2010 en een vervolg op de klimaatfilm *Meat The Truth* uit 2007 van de Nicolaas G. Pierson Foundation. Met deze film willen de makers laten zien dat als we op de huidige manier blijven vissen de oceanen binnen veertig jaar helemaal leeg zijn gevist en al wat erin leeft vernietigt zal zijn.

Seaspiracy - Netflix documentaire uit 2021 van Kip Andersen met medewerking van Ric O'Barry en Paul Watson (Sea Shepherd). De film behandeld o.a. de vervuiling van de oceanen, de dolfijnenslachting in het Japanse Taiji, de walvisvangst op de Faeröer eilanden en pleit voor zeereservaten en het verminderen van de visconsumptie.

Black Fish - deze Amerikaanse docu uit 2013 toont het leven van orka's in gevangenschap en de handel in deze dieren tussen dolfinaria over de hele wereld. Ook komen er diverse Sea-World trainers aan het woord die hun ervaringen met de dieren delen en hun mening geven over de huidige gang van zaken.

The Cove - Amerikaanse documentaire uit 2009. De film toont schokkende beelden van de dolfijnenslachting in het Japanse Taiji.

Forks over Knives - Amerikaanse documentaire uit 2011 over voeding. De makers onderzoeken onder meer of het klopt dat de meeste degeneratieve ziekten kunnen worden gerelateerd aan de consumptie van dierlijke en bewerkte producten.

The Game Changers - Netflix-docu uit 2018 met Arnold Schwarzenegger, Lewis Hamilton en Jackie Chan. Deze documentaire promoot een *plant baset lifestyle*. De atleten die hun medewerking aan deze film verlenen, willen het grote publiek tonen dat wij geen vlees nodig hebben om topsport te bedrijven.

Speciësisme The Movie - film uit 2013 van Mark Devries. Filmmaker Devries onderzoekt (undercover) de verborgen kant van de bio-industrie en stelt links en rechts kritische vragen aan de betrokkenen.

H.O.P.E. What You Eat Matters - bekroonde documentaire uit 2016 van Nina Messinger over de negatieve effecten van onze Westerse dieetgewoonten.

Food Inc. - Amerikaanse docu uit 2008 van Robert Kenner met medewerking van Michael Pollan en Eric Schlosser over de enorme productie van veeteelt in de Verenigde Staten en alle schadelijke effecten die dit tot gevolg heeft op de mensen, de dieren en het milieu.

What The Health – Amerikaanse documentaire uit 2017 van Kip Andersen en Keegan Kuhn die de gezondheidseffecten van de consumptie van vlees, vis, eieren en zuivelproducten in twijfel brengt. Verder stellen de makers ook bepaalde uitspraken van artsen, wetenschappelijke studies en onderzoekjournalisten in twijfel.